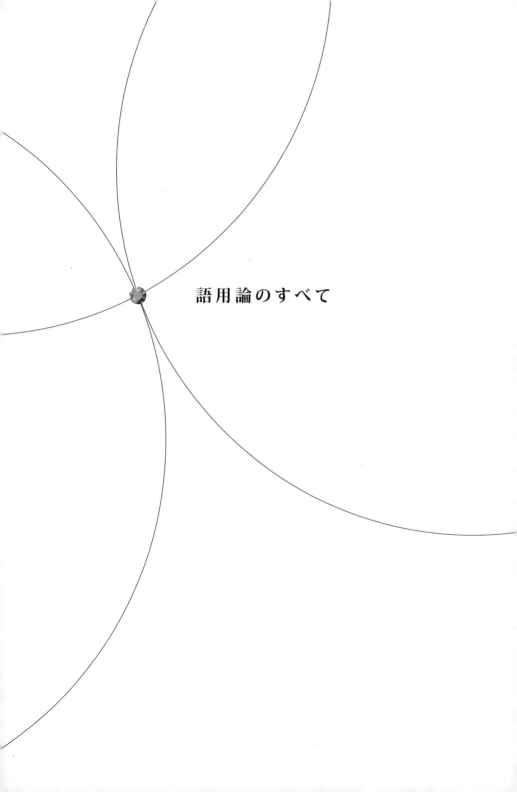

語用論のすべて

語用論の すべて

生成文法・認知言語学との 関連も含めて

今井 邦彦

岡田 聡宏

井門 亮

松崎 由貴

開拓社

はじめに

　「言語」とか「ことば」と聞くと，人は誰でも「意味」を連想しますね．友達がこちらに向かって何か言えば，わたしたちはその意味を受け取ろうとします．友達の言うことがよく分からないので，「意味が分からないんだけど」と言ったとします．たいていの場合，友達は言い直しをしますね．意味さえ分かれば，友達の言い方が少しおかしいなと思っても「今の君のことば，文法的に間違ってるよ」とか「君，発音が変だよ」とは普通言いませんね．言えば友達は「意味が分かりさえすればいいだろ！」と怒り出すかもしれません．つまり私たちは他人と言葉のやり取りをするとき，ことばを構成している重要な要素である文法や発音よりも，意味の方により大きな重点を置いているように感じられます．

　ことば（言語）を研究する学問，つまり言語学の中にこの「意味」を研究する学問が実は2つあります．「意味論」と「語用論」です．

　この2つがどういう特徴を持っているかを (1), (2) に示しましょう．

(1)　意味論：言語形式の"文字通り"の意味を研究する部門．

(2)　語用論：言語形式の，それが用いられるコンテクストに照らした意味を研究する部門．

「言語形式」などといういかめしい用語が出てきましたが，別に難しいことではありません．「その本は棚の上にあります」などの「文」や，「棚の上」のような「句」や，「棚」のような「単語」などを「言語形式」と呼ぶのです．(1) も (2) も，それぞれの特徴をおおざっぱに述べたものですから，「文字通りの意味」とはどういうことか，「コンテクスト」とは何かは示されていません．詳しいことは第1章以降で学んでもらうことにして，ここではまず例を挙げましょう．

(3)　私は離れ座敷で蒲焼を食べるのが好きでしてねえ．老齢ですが半身じゃ足りません．

という文の意味論的意味は，

(4) 話し手はウナギの蒲焼が好物で，また椅子席でなく離れ座敷でそれを食べるのが好きで，かつ年寄りながら 1 匹分全部食べる．

ということだけです．これが語用論的意味になると，コンテクストに照らして，たとえば話し手が大学の悪徳理事長で，

(5) その席で 50 万なんて半金でなく 100 万そっと渡してくだされば，その出来の悪い受験生を入学させましょう．なに，御馳走は蒲焼でなくともいいんです．離れ座敷なら店の者の眼につきませんから．中華料理店の椅子席でも個室なら構わないんです．

ということになるかもしれないのです．

もっと一般的に言うと，意味論的意味と語用論的意味は (6), (7) のような言い方で指定できるでしょう．

(6) 意味論的意味は，他人に何かを伝達しようとする意志と無関係に存在し得る．

(7) 語用論的意味は，話し手（あるいは書き手）が言語表現を使って相手に伝えようという意思に従って使われていると聞き手（あるいは読み手）が判断し，推論を使って解釈しようとする意味．

(3) は筆者が例として作った文で，筆者にはこの文で何か——まさか (5) ——を他人に伝達するつもりはありません．それでも (3) には意味があり，例えば外国語に訳すことが可能です．

誤解のないようにお断りしますと，(6) はあくまでも伝達しようとする意志と無関係に存在しうる，と述べているだけで，意思なしに，と言っているのではありません．(3) を伝達の意思のもとに発する人はあり得ます．「伝達的意図」については第 7 章 (10) で学んでください．

20 世紀の中頃過ぎから盛んになってきた語用論には，いくつかの流派があります．第 2 章と第 3 章では哲学的意味研究の流れを受け継ぐ「発話行為理論 (Speech Act Theory)」（「言語行為理論とも」）が解説され，第 4・5 章では発話解釈の上での「推論」の重要性を主張したグライス (Paul Grice, 1917-1988) の語用論が，そして第 6 章ではグライスの考えを引き継いだホーン (Laurence Horn, 1945-) とレヴィンスン (Stephen Levinson, 1947-) の「新グライス派語用論

(Neo-Gricean pragmatics)」が紹介されます.第7・8・9章は,スペルベル (Dan Sperber, 1942-) とウィルスン (Deirdre Wilson, 1941-) が創設した「関連性理論 (Relevance Theory)」を紹介・考究する場です.第10章では関連性理論とチョムスキーの生成文法との関係が,第11章では言語科学とは何かが説かれ,第12章では,「認知言語学 (Cognitive Linguistics)」が関連性理論と鋭く対立する姿で描かれます.

執筆は第1章および第10〜12章を今井邦彦が,第2〜3章を岡田聡宏および松崎由貴が,第4〜6章を井門亮が,そして第7〜9章を岡田聡宏が担当しました.

本書出版については開拓社の川田賢氏に終始お世話になりました.ここに記して深甚なる感謝の意を表します.

2021年10月

著　者

目 次

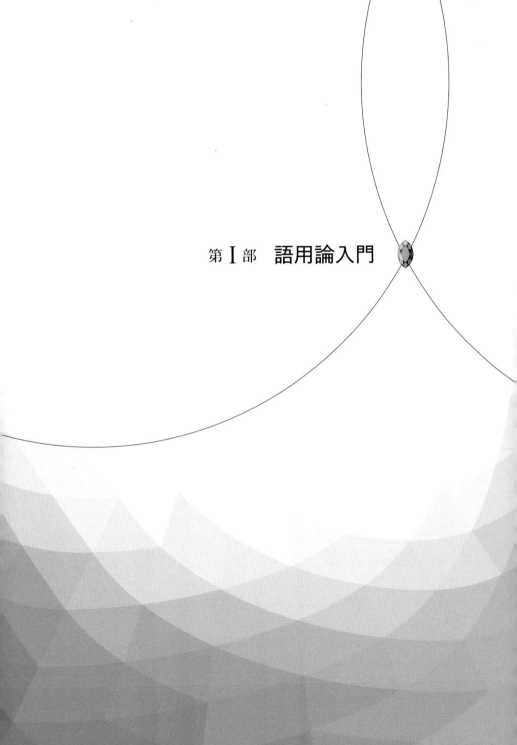

第 I 部　語用論入門

第1章　語用論とは？

● 意味研究の歴史

　「語用論」という用語を聞くと，なにか「ことばの用い方」，つまり，「状況や目的からしてどういうことを，どういう言い方で言うのが適切か」を教える術のように解釈されてしまうことがあるかもしれません．そうしたいわば「秘術」を追い求めることに価値がないとは言えません．しかしそれはあまりにも複雑で，この本の第5章で述べる「経験科学」の手に負えることではありません．語用論は経験科学を目指す学問なのです．

　では語用論とは何なのでしょうか？「はじめに」で述べた通り，それは意味論と並んで意味を研究する学問です．そこでまず，意味をめぐる研究の歴史[注1]をたどることにしましょう．

　実は，言語を研究対象とする言語学では意味の研究が始まるのは非常に遅く，むしろ哲学に先を越されていました．19世紀後半には記号論理学の有用性が多くの哲学者により認識されて，「（科学上の）基礎的な概念・主張の"意味（meaning）"を明らかにする」ことの重要性が意識されるようになり，この学派は「分析哲学」という名を与えられました．フレーゲ（Gottlob Frege, 1848-1925）やラッセル（Bertrand Russell, 1872-1970）たちが代表者と言えましょう．けれどもこの人々にとっては自然言語（日本語とか英語などを指し，「人工言語」を除きます）とは「原始的で，あいまいで，不正確で，混乱した」ものでしかなかったのです．そのため上の目標を達成するために用いられるべき言語は，自然言語の"欠陥"を持たない「理想的人工言語」でなければなりませんでした．こうした考

注1：哲学が語用論の先駆けをなしたことについては Recanati (2004) が参考になります．

2

えを分け持つ人々は「理想言語学派 (Ideal Language School)」と呼ばれました．そうした「理想言語」である記号論理学の「式」の例を (1) として示しましょう．

(1)　P　→　Q
　　　P
　　　────────
　　　∴Q

(1) の 1 行目，P → Q は「P ならば Q である」を意味します．例として P に「風が吹く」を当て，Q に「木が揺れる」を当てましょう．すると P → Q は「風が吹くと木が揺れる」となりますね．2 行目は「P である」，つまり「風が吹いている」です．1 行目と 2 行目を合わせて "計算" すると，3 行目の「ゆえに Q」つまり「ゆえに，木が揺れている」が出てくるわけですね．記号論理学は極めて価値の高い学問で，これを発展させることは，それ自体の重要性を持っているのですが，自然言語の研究に直接には役に立ちそうにありませんね．

　「語用論」という術語がいわば公式に学問の世界に登場したのは，これまた哲学者のモリス (Charles W. Morris, 1901-1979) の Morris (1938) の中でした．彼は記号一般の性質・機能を研究する学問として「記号論 (semiotics)」という領域を立て，これを「統語論 (syntactics: 今は syntax という用語が定着しています)」，「意味論 (semantics)」，「語用論 (pragmatics)」の 3 分野に分けることを提唱しました．ただモリスは語用論の研究業績を残したわけではありませんでしたし，言語学界のほうでもモリスの提唱に応えて語用論を打ち立てる動きは示しませんでした．

　けれど，そうしたうちにも，哲学者の間には自然言語をも考究の対象とすべきであり，また，フレーゲやラッセルの論理学的接近法に捉われていたのでは，自然言語の重要な特徴は，明確にされるどころか逆に隠蔽されてしまう，とする人々も現れました．オースティン (John L. Austin,

1911-1960), ライル (Gilbert Ryle, 1900-1976), そして
最初は理想言語学派に属していたウィトゲンシュタイン
(Ludwig Wittgenstein, 1889-1951) といった人々から成る
学派で, この学派は「日常言語学派 (Ordinary Language
School)」と呼ばれました. とは言っても, この人々の目
標・方法論には哲学的な色合いが強く残っていました. そ
れを表すのが, (2), (3) にあげた意味論と意味の定義で
す.

(2)　意味論の目的は, 言語形式と, それによって表現
　　　される世界との関係を明らかにするところにある.
(3)　言語形式の意味とは, その言語形式が表す命題を
　　　真であらしめるような必要十分条件を指す.

わたしたちは例えば, 行楽に出かける朝雨が降っているの
に気づいて「いい天気だねえ」と反語を使うことがありま
す. (2) に従うと,「いい天気だ」「雨が降っている」とい
う 2 つの異なる言語形式が「雨が降っている」という同一
の世界（状況）に一致してしまいます. また (3) の言うと
ころは, 哲学者タルスキー (1901-1983) の例をとると
「"Snow is white." という文が表す命題を真にする必要条
件は「雪が白い」という事実である」[注2] ということに過ぎ
ないので, つまらないと言えばつまらない話です. こうし
た哲学者たちの意見には自然言語の意味研究としては大き
な欠陥があったと言わなければなりません.
　一方, 言語学界内部で「意味論」が独立研究分野として
一部の人に認められたのは 20 世紀の初めで, その後もこ
の「言語学的意味論」はほとんど成果を生みませんでした.
1 つには「ことばの意味」として考える対象に何を含める
か, とりわけ上に述べた雨の日の「いい天気だ」という反
語や, 誤った見解を得々として述べ立てる相手に皮肉とし
て言う「なるほど. 進歩的文化人のいうことは常に正しい
のか. いいことを教わった」などの発話を研究対象とすべ

注 2 : "The sentence 'snow is white' is true if and only if, snow is white." (Tarski (1944))

きからか否かについては，意見の一致がなかなか得られなかったからです．言語学の主流が意味研究をいわば真っ向から取り上げようとしなかったことも原因だったと言えます．

　しかし日常言語学派のオースティンは，第2章で扱う「言語行為理論（Speech Act Theory）」を生みだし，これは言語研究史上最初の本格的語用論となりました．オースティンはオックスフォード大学の哲学者でした．少し遅れて，同じくオックスフォード大学の哲学者グライス（H. Paul Grice, 1913–1988）が，第4, 5章で明らかになる通り，言語行為理論とは趣きの異なる語用論理論（グライスは語用論という用語は使いませんでしたが）を明らかにしました．彼の理論は一般に「グライス理論」として知られています．

　グライス理論の後にはホーン（Lawrence Horn, 1945– ），レヴィンスン（Stephen Levinson, 1947– ）を中心とする，グライス理論を忠実に守る学派が残り，その理論は「新グライス派語用論（Neo-Gricean Pragmatic Theory）」と呼ばれています．

● 関連性理論

　1970年代に入るとスペルベル（Dan Sperber, 1942– ）とウィルスン（Deirdre Wilson, 1941– ）が新しい理論を公開し始め，やがて Sperber and Wilson (1986) を出版するに及んで関連性理論（Relevance Theory）が語用論理論の有力な一角を占めることになりました．同理論は，理論的根底に生成文法を置いていることを（少なくともある時期まで）公言していた一方，認知言語学支持者の一部からも友好的（？）扱いを受けるという，一種不思議な立場に立っています．

　関連性理論の出現までは，意味論と語用論の区別にあまり意を注がなかった言語学者もいました．「はじめに」の

(1), (2), (6), (7)——この章では (8)–(11) として繰り返しましょう——を明確にしたのは実は関連性理論だったのです.

(8)　意味論：言語形式の "文字通り" の意味を研究する部門.

(9)　語用論：言語形式の，それが用いられるコンテクストに照らした意味を研究する部門.

(10)　意味論的意味は，他人に何かを伝達しようとする意志と無関係に存在し得る.

(11)　語用論的意味は，話し手（あるいは書き手）が言語表現を使って相手に伝えようという意思に従って使われていると聞き手（あるいは読み手）が判断し，推論を使って解釈しようとする意味.

● 生成文法と関連性理論

　さて 20 世紀半ば，言語学一般では革命が起こりました. 1957 年にチョムスキー（Noam Chomsky, 1928–　）が最初の公刊本 Chomsky (1957) を発行したのがきっかけでした.

　それまでの言語学はその根底に，「言語は人間の外側にある」という考え方を持っていました. 読者諸賢の考えはどうでしょうか. 諸賢のほとんどの方の母語は日本語だと思います. だから英語，ドイツ語，フィリピン語などの外国語が自分の「外側」にあると感じるのは不思議でないのですが，母語である日本語についても，それを獲得した乳児・幼児期のことは記憶にないので，何となく「自分の頭は生まれた時は日本語に関して白紙の状態だが，周りの大人たちが話している言葉を覚えて使っているうちに日本語が身に付いたのだ」と感じているのではないでしょうか？それは実は間違った考えなのです.

　小学校 1 年生が帰宅後に「今日は鈴木君が自分の給食を

全部ひっくり返しちゃったんで，半分わけてやったんだ」と言ったとしても，誰もその言語活用能力にびっくりはしないでしょう．でも，もし「生まれた時の頭脳は言語について白紙状態」という説が正しければ，びっくりしなければならないはずです．なぜならこの1年生に「日本語では目的語（給食）は，英語と違って，動詞（ひっくり返す）の前に来る」[注3] ということを誰が教えたのでしょう？　それに，この子は誰かが給食をひっくり返すのを見たのは生まれて初めてだったかもしれません．すると彼が言った「自分の給食を全部ひっくり返しちゃった」という文は，誰がいつ発した文を覚えていたのでしょう？

　そもそもことば（文）の数は無限です．「太郎の父がむかし勤めてていた銀行の支店長の弟が経営している居酒屋の常連客の1人から金をだまし取った女 … のことがテレビで報道された」の「…」部分は，「の身柄を確保した○○県警の捜査官は…」などを挿入することで，無限に引き延ばすことが可能です．と同時に，下線を引いたどの部分までで切って「のことがテレビで報道された」につなげても正しい文ができます．これで文の数が無限であることが説明されますね．無限のものを誰が記憶できるでしょう？　読者諸賢の中で，「"それどころか"を使った文を作りなさい」という国語試験の試験問題とか，和文英訳などに対し「聞いて覚えたことのない文は作れません」などと言って反抗した人がいるでしょうか？

　答えは明らかですね．上例の小学1年生は誰に日本語文法を教わったわけでもないし，誰かが言った給食ひっくり返しの文を覚えていて使ったわけでもありません．この子に限らず人間の乳幼児は，5，6歳までに，誰にも教えられることもなしに母語文法の基本をすべて獲得し，それまでに一度も使ったことのない文を使うことができるのです．読者諸賢の中に，幼時，「行かない，行きます，行く，行く人，行けば …」などと唱える訓練を受けた人がいる

注3：英語では Suzuki accidentally knocked down his lunch. と目的語（his lunch）は動詞（knocked down）の後に来ますね．

でしょうか？「僕は野球より相撲の方が好きだ」という意味のことを言おうとして「ボクハ　ヤキュウヲヨリ　ノホウガ　スキスモウダ」という珍文を発して周りを困らせた人もいないでしょう．このことは人間の頭脳が，生まれたばかりでさえ，言語に関して白紙状態にあるどころか，言語獲得を可能にする何らかの「仕掛け」を備えていると考えなければ，説明することができません．その仕掛けをチョムスキーは，言語器官 (language organ)，言語獲得装置 (language acquisition system)，普遍文法 (Universal Grammar, UG)，Ⅰ言語 (internalized language) の初期状態 (the initial state of I-language)，言語機能の初期状態 (the initial state of the faculty of language) 等の色々な名称で呼んでいます（漠然と「言語」と呼ばれるものの中でⅠ言語に属さないものをチョムスキーは「E言語 (externalized language)」と称しています）．Ⅰ言語，言語機能 (faculty of language) つまり言語器官は視覚と同じ性格を持っていると言えます．私たちは皆「視覚器官」という「仕掛け」を持って生まれてきますが，生まれたては何も見えません．けれども，そのうち明るい・暗いの区別ができるようになり，やがて色彩・形状・遠近を見分ける，つまり大人と同じ視覚能力を発揮するようになるのです．この過程の赤ん坊が，大人からものの見方の指導を受けたり，周囲の大人も真似をしているとは無論考えられませんね．視覚や聴覚のように独自の構造を持ち，生得的で（＝生まれつき備わっていて），特定の認知分野にのみいわば奉仕する機能，つまり「領域特定的な」機能を「モジュール (module)」と呼ぶならば，「言語獲得装置」別名「普遍文法」はまさしくモジュールで，生成文法とは言語獲得という特定領域に奉仕するモジュールの究明を目的とする学問領域なのです．

　チョムスキーは自分の理論の言語学への影響について「生成文法の研究は注視の焦点を … 行動から … 言語の使

用と解釈の下支えとなっている知識体系へと，そしてさら
に深く，そのような知識を得ることを人間に可能にしてい
る生得的な資質へと転換させた．… その転換は … 外在化
された存在と考えられていた言語の研究から，獲得され，
心／頭脳に内的に表象されている言語知識の体系の研究へ
の転換であった」[注4] と言明しています．この「外から内
への転換」が生成文法による革命の中心となるもっとも重
要な出来事です．

　私たちはガリレオ式望遠鏡を使って木星の衛星，月面の
クレーター，太陽の黒点などを発見したガリレオをもちろ
ん尊敬します．けれども彼が真に偉大であったのは，「落
体の仮説」を立てたことです．アリストテレス以来 2,000
年続いた考え，つまり「重さの違う物体を同時に自由落下
させれば，より重いほうの物体が先に着地する」を否定し
て，「物体が自由落下するときの時間は，落下する物体の
質量に依存しない」という仮説を立てたのです．しかも当
時は地上に真空の場所を作る技術がなかったので，この仮
説は思考実験[注5] よって「検証」されたのです．ニュート
ンの万有引力の法則にも同じことが言えます．この法則は
中世以来万人が抱いていた「天体と地球の物体には異なる
法則が当てはまる」という考えを否定し，「地上において
物体が地球に引き寄せられるだけではなく，この宇宙にお
いてはどこでもすべての物体は互いに引力を及ぼし合って
いる」という仮説を立て，これを思考実験によって検証し
たのですから．

　チョムスキーの場合もまさしくそうです．上記の「外在
化された存在と誤って考えられていた言語から，心／頭脳
に内的に表象されている言語知識の体系への研究焦点の転
換」は有史以来初めての転換なのですから，ガリレオの落
下法則，ニュートンの万有引力の法則に匹敵するものと言
えましょう．

　語用論における関連性理論の登場は，言語理論の中での

注4：原文は "[T]he study of generative grammar shifted the focus of attention from [...] the behavior [...] to the system of knowledge that underlies the use and understanding of language, and more deeply, to the innate endowment that makes it possible for humans to attain such knowledge. [...] The shift in focus was [...] from the study of language regarded as an externalized object to the study of the system of knowledge of language attained and internally represented in the mind／brain." (Chomsky (1986))

注5：頭の中で想像するだけの実験．科学の基礎原理に反しない限り，極度に理想化された前提で遂行することができます．この場合は空気による抵抗のない落下を前提とすることが可能になりますね．

生成文法の誕生に匹敵すると言えます．ウィルスンはチョ
ムスキーの弟子で，関連性理論が生まれようとしているこ
ろ，スペルベルに生成文法を学ぶことを強く奨めました．
生成文法が内的な言語知識の研究を目指しているのに対応
して，関連性理論はそれまでの語用論とは違い，「亜人格
的（sub-personal）」です．人格的（personal）な行動がなん
らかの「理由」に基づいて意識的・自発的に行う行為であ
るのに対して，亜人格的行動は，人──というよりある1
つの体系──がなんらかの入力を「原因」として，自律的・
機械的・無意識的に，かつ迅速に反応した結果生ずるもの
を指します．人が母語を獲得するのは亜人格的過程です．
語用論が研究対象とする発話解釈も自律的・機械的・無意
識的，かつ迅速に行われます．例えば，太郎が次郎に（12）
という問いを発し，次郎がそれに（13）で答えたとしま
しょう．

(12)　今日の飲み会に出るかい？
(13)　明日英語の追試なんだよ．

太郎は次郎の答から「次郎は今日の飲み会に出ない」と結
論します．つまり次郎の発話を「僕は今日の飲み会には出
ない」という“意味”に自律的・機械的・無意識的，かつ
迅速に解釈するのです．太郎が（14）のような推論を行う
のは事実でしょう．

(14)　追試に失敗すれば進級できないなどの不利に見舞
　　　われる → だから次郎は泥縄にせよ猛烈な勉強をす
　　　る必要がある → 飲み会出席は勉強の邪魔にな
　　　る → それゆえ次郎は今日の飲み会には出ない．

けれど（14）は分析的・再現的な述べ方で，この推論は太
郎には全く意識されません．読者諸賢も太郎になった積り
で想像すればこのことに気付くでしょう．
　人格的状況や行動は，そのままでは科学的考究の対象と

はなりえません．状況や行動を亜人格的要素に還元しえた
時に初めて，本当の科学的説明の可能性が生まれるので
す．

　このように，関連性理論は生成文法と共通項をもっては
いますが，だからと言って前者が後者の一部であるとか，
2つの理論の意味観が同一であるなどのことは言えませ
ん．その点は第 III 部で学んでください．

参考文献

Chomsky, Noam (1957) *Syntactic Structures*, Mouton. ［福井直樹・辻子美保子（訳）
　　(2014)『統語構造論』岩波書店．］

Chomsky, Noam (1986) *Knowledge of Language: Its Nature, Origin, and Use*, Praeger,
　　New York.

Recanati, François (2004) *Literal Meaning*, Cambridge University Press, Cambridge.
　　［今井邦彦（訳）(2006)『ことばの意味とは何か』新曜社．］

Sperber, Dan and Deirdre Wilson (1986, 1995²) *Relevance: Communication and Cogni-
　　tion,* Blackwell, Oxford. ［内田聖二ほか訳（1993, 1999²）『関連性理論─伝達と認
　　知』研究社出版．］

Tarski, Alfred (1944) "The Semantic Conception of Truth: and the Foundations of Se-
　　mantics," *Philosophy and Phenomenological Research* 4(3), 341–376.

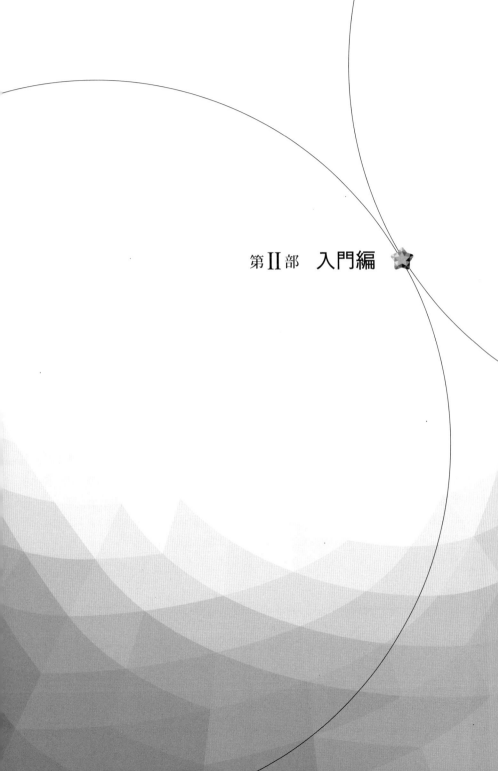

第Ⅱ部　入門編

第2章　言語行為理論 (1) —3つの言語行為

● はじめに

　ことばを使ってどのようなことができるのでしょうか？ もちろん現在起こっていることや過去に起こったこと，あるいは自分の現在の心境など様々なことが伝えられるでしょう．しかし，それだけではありません．重要な特徴として，ことばを発することが，すなわち行為となる場合があるという点を忘れてはなりません．

※ ☞ は，『語用論キーターム事典』（今井邦彦監訳，開拓社）への参照を示しています．

【Q】　どのような違いがあるかに注目して，次の (1) と (2) を比べてみよう．

(1)　President Obama laid a wreath at the Hiroshima Peace Memorial on May 27 in 2016.（2016 年 5 月 27 日にオバマ大統領は広島市の平和記念公園で献花をした）

(2)　I sentence you to 5 years in prison.
　　（あなたを 5 年の禁固刑に処する）

【A】　(1) の例では，当時のオバマ大統領が広島を訪問し，平和記念公園で献花をしたという事実を叙述しています．(2) では事実を叙述しているのではなく，この発話をすることによって被告に刑を言い渡しています．つまり，発話が行為になっているのです．このようなことばの使い方は，ほかにもあります．

(3)　I promise I will go to see a film with you tonight.
　　（今晩，あなたと映画に行くことを約束します）

(4)　I admit I was wrong.（私が間違っていたことを認めます）

(5)　I apologize for being late.（遅刻したことを謝罪します）

(3) では，約束という行為を，(4) では間違いを認めると
いう行為を，(5) では謝罪という行為を，それぞれ発話を
通して行っています．これらの例では，ことばを発するこ
と自体が行為となっているのです．この事実に着目したの
は，オックスフォード大学の**ジョン・L・オースティン**
(John Langshaw Austin) という哲学者です．20 世紀の初
頭から中頃にかけて，当時の哲学的言語研究では，ものご
とを記述し，その内容が真か偽かを問えるような文しか研
究の対象とはなっていませんでした．しかし，オースティ
ンをはじめとする，当時のオックスフォードの哲学者たち
はこの点に疑問を抱き，日常的な言語を研究対象にしたい
と思うようになりました．オースティンを含むこのような
研究者たちは，日常言語学派と呼ばれています．オース
ティンは日常言語を研究することで，「ことばを使うこと
は行為である」という新しい考え方を提唱し，**言語行為理
論** (Speech Act Theory) を展開していきます（言語行為の
代わりに発話行為という用語が使われることもあります）．
この章では，このような言語行為理論について見ていくこ
とにしましょう．

● 遂行文と事実確認文

　言語行為理論に関する著書 How to Do Things with
Words （『言語と行為』）の中で，オースティンは発話を**事
実確認文** (constative sentences) と**遂行文** (performative
sentences) の 2 つに分類しています．事実確認文とは事物
や状況を叙述するような文のことで，例文 (1) がこれに
当たります．遂行文とは状況を叙述するのではなく，発話
によって行為を遂行する文のことで，上の例文では (2)
から (5) がこれに当たります．
　事実確認文では，その文の内容が真か偽かを問うことの
できる条件，つまり**真理条件** (truth conditions) を持って
いることになります．一方，遂行文は真理条件の代わり

☞ John Langshaw Austin
ポイント オースティンは，「ことばを使うことは行為である」という言語行為理論を提唱した．

☞ Speech acts

☞ Constative
☞ Performative
ポイント オースティンは発話を事実確認文と遂行文に分類した．

☞ Truth conditions

に，**適切性条件**（felicity conditions）という条件を持って
いると考えられています．まずは，次の例文を見てみま
しょう．

☞ Felicity conditions

(6)　Tokyo is the capital city of Japan.
　　（東京は日本の首都です）
(7)　I name this ship the Queen Elizabeth.
　　（この船をクイーンエリザベスと命名します）
(8)　I now pronounce you husband and wife.
　　（私は今あなた方が夫婦であることを宣言いたします）
(9)　I promise I will return your bicycle next week.
　　（私はあなたの自転車を来週返すことを約束します）

(6) では，東京が日本の首都であるということについて，
真か偽かの判断をすることができます．つまり，真理条件
があるということになります．しかし，残りの例文では，
ものごとを叙述しているわけではなく，真か偽かという判
断の対象とはなっていません．これらの文で重要なこと
は，発話が適切な状況下で行われたかということ，つまり
適切性条件が満たされているかどうかということになりま
す．適切性条件は大きく分けると次の 3 つになります．

ポイント　言語行為が
適切に遂行されるため
には，適切性条件が満
たされなければならな
い．

(10)　慣習的な効果を持った慣習的な手続きが存在してい
　　　なければならず，さらにその手続きが要求する適切
　　　な状況と人物が必要である．
(11)　手続きはその手続きの参加者すべてによって正しく
　　　完全に実行されなければならない
(12)　もし手続きが参加者に特定の考え，感情，意図を要
　　　求するものであるならば，参加者はそれらを持って
　　　いなければならず，またもし手続きが参加者に発話
　　　後も特定の行為を要求しているのであれば，参加者
　　　はその行為を実行しなければならない．

もし適切性条件が満たされなければ，言語行為が適切に遂

行されたことにはなりません．オースティンは，このよう
な場合を 2 つに分け，条件の (10) と (11) を満たさない
ものを**不発** (misfire)，条件の (12) を満たさないものを**濫
用** (abuse) とそれぞれ呼んでいます．

　場所によって習慣上の違いはあるでしょうが，(7) のよ
うな船の命名式は，船の進水式と同時に行われ，シャンパ
ンやワインのボトルが船体にたたきつけられてから，その
船の名前が公開されることが多いでしょう．このような行
為が成立するには，まず命名式や進水式という慣習的な手
続きが存在していて，一般的には船体にぶつけて酒のボト
ルを割るという儀式も行われる必要があります．また，だ
れでも勝手に命名してよいというわけではなく，船の命名
の資格を持った人がこの発話をしなければなりません．
シャンパンを持った通行人が，勝手に命名しても，言語行
為は成立せず，不発となってしまいます．また (10) と
(11) についていえば，バラク・オバマ氏が大統領に就任
する際の宣誓で，最高裁判所長官が "I, Barack Hussein
Obama, do solemnly swear that I will *faithfully* execute the
office of president *of* the United States. (私は合衆国大統領の
職務を忠実に遂行します)" と言うべきところ，"I will exe-
cute the office of president *to* the United States *faithfully* (私
は忠実に合衆国に大統領の職務を遂行します)" と語順と表現
の一部を間違えて言ってしまいました．オバマ氏もやむな
く faithfully の語順を間違ったまま復唱しましたが，後日
この宣誓が有効かどうかが議論となり，つまり不発となる
ことを恐れて，実際に宣誓をやり直したことがあります．
まさに適切性条件と遂行文の関係を表した出来事であると
言えるでしょう．次に (8) では，結婚式という儀式の下
で，聖職者など結婚式を執り行う資格を持った人がこの発
話をしなければこの行為は成立しません．さらには，教会
で挙式をする場合には，聖職者がそれぞれにお互いを夫と
して，あるいは妻として認めるかという確認をしなかった

☞ Misfire
☞ Abuse
⇒ **発展問題【1】**

り，指輪の交換をしなかったりした場合には，結婚式が正
しく完全に実行されたとは言えず，やはり不発となってし
まいます．(9) では，もし借りた自転車を返すつもりもな
いのに返すと約束した場合には，言語行為は成立せず，濫
用となってしまいます．また，発話の際に自転車を返す意
図はあったとしても，実際に返さなかったら，やはり濫用
となってしまいます．

　オースティンが提案する遂行文には，次のように 5 つ
の文法的な特徴があります．

ポイント 遂行文には
5 つの文法的特徴があ
る．

(13)　主語が 1 人称であること
(14)　直説法であること
(15)　能動態であること
(16)　行為遂行動詞があり，それが現在形であること
(17)　hereby（ここに，これをもって）という語が挿入でき
　　　ること　　　　　　　　　（Levinson (1983: 231–232) 参照）

⇒ **発展問題【2】**

【Q】　上記の特徴を参照しながら，次の例文が遂行文として成立するか考え
てみよう．
(18)　I promise not to drink ever again.
　　　（私は金輪際お酒を飲まないと約束します）
(19)　Paul promises not to drink ever again.
　　　（ポールは金輪際お酒を飲まないと約束します）
(20)　I promised not to drink ever again.
　　　（私は金輪際お酒を飲まないと約束しました）
(21)　I would promise not to drink ever again.
　　　（私なら，金輪際お酒を飲まないと約束するでしょう）

【A】　遂行文の条件と照らし合わせると，(18) 以外はす
べて遂行文ではないということになります．(19) は，1
人称ではなく 3 人称の主語が使われています．単にポー
ルが約束をするという行為を叙述しているだけで，この発

話によって約束が成立するわけではありません．(20) の主語は 1 人称ですが，過去形が使われているため，過去にした約束について述べており，この発話によって約束をしていることにはなりません．(21) は仮定法ですので，自分が当事者だった場合を仮定しているだけで，実際に約束をしているわけではありません．また，主語が 1 人称で，直説法，能動態であっても，例えば "I like bananas. (私はバナナが好きです) のように状態動詞を含んだ文や，"I walk to school every day. (私は毎日歩いて学校に行きます) のように習慣を表す場合には，遂行文とはなりません．念のため hereby を挿入して , これらの文と (18) を比べてみると，違いが明らかになるでしょう．

(22)　?I hereby like bananas.

　　　　(私はここにバナナが好きです)

(23)　?I hereby walk to school every day.

　　　　(私はここに毎日歩いて学校に行きます)

(24)　I hereby promise not to drink ever again.

　　　　(私はここに金輪際お酒を飲まないと約束します)

上記の (18) のように，文の中に promise (約束する)，name (命名する)，pronounce (宣言する) などの行為遂行動詞が含まれているような遂行文は，**明示的遂行文** (explicit performatives) と呼ばれています．

　ところで，遂行文には，このような明示的遂行文と呼ばれるものしかないのでしょうか？ 次の例文をそれぞれ比較しながら，この点について考えてみましょう．

(25)　I promise I'll wait for you at the station tomorrow morning.

　　　　(明日の朝，駅であなたを待つことを約束します)

(26)　I'll wait for you at the station tomorrow morning.

　　　　(明日の朝，駅であなたを待っています)

☞ Explicit performative

ポイント 行為遂行動詞を含む遂行文は，明示的遂行文と呼ばれる．

(27)　I order you to clean your room right now.

　　　（すぐに部屋を掃除するように，あなたに命令します）

(28)　Clean your room right now.

　　　（すぐに掃除をしなさい）

　(25) とは対照的に，(26) には現在形が使われてはいませ
んし，行為遂行動詞も含まれていません．(28) について
も，(27) とは対照的に，1 人称の主語は含まれていませ
んし，直説法でもありません．また，行為遂行動詞も含ま
れていません．このように，(26) と (28) は，(13) から
(17) までの遂行文の 5 つの条件を満たしているとは言え
ません．ということは，(26) と (28) は，遂行文でない
ということになるのでしょうか？ 確かに (26) には，
promise という行為遂行動詞は含まれていませんし，現在
形でもありませんが，(25) と同じ約束という行為を遂行
していると考えられます．(28) についても，order という
行為遂行動詞は含まれていませんし，直説法でもありませ
んが，(27) と同じ命令という行為をしていることには違
いありません．したがって，(26) と (28) はともに遂行
文であると言えます．このように，(13) から (17) まで
の条件のすべてを満たしていないために，明示的遂行文の
特徴は欠いているものの，暗示的には行為を遂行している
ような文を，**暗示的遂行文** (implicit performatives) と呼
んでいます（**基本的遂行文** (primary performatives) という
用語が使われることもあります）．

　オースティンが，遂行文と事実確認文を区別したという
点については，すでにふれました．確かに，オースティン
は事実確認文があることを認めてはいました．しかし，こ
の点を突き詰めていくと，実は両者を完全に区別すること
は難しいことが次第に明らかになってきました．そして最
終的に，オースティンは，すべての文に遂行文的な働きが
あるのだという結論に至りました．

ポイント 遂行文には，明示的遂行文と暗示的遂行文がある．
☞ Primary performative

(29)　I state that I'm glad.（私は嬉しいと述べます）

(30)　I'm glad.（私は嬉しい）

　例えば，(29) は明示的遂行文ですが，state という行為遂
行動詞を使ってはいないものの，(30) においても，この
発話を通して自分の気持ちを述べるという行為を遂行して
いることに違いはありません．したがって，(29) と (30)
は類似した意味を持っていることになります．(30) は事
実確認文と分類することができるのですが，(29) と同じ
行為を遂行しているとするならば，遂行文であると考える
こともできます．つまり，事実確認文も記述・伝達という
行為を遂行していることから，遂行文に属するとも言える
のです．このように，オースティンは，事実確認文に見え
るような文でも，実は遂行文と同じような働きを持ってい
るのだという点に着目していたのです．オースティンは，
「何かを言うということは，すなわち何かを行うことなの
だ」という考えを根底に持っており，ものごとを叙述し，
真か偽かを問える文だけに注目する従来の言語研究に対し
て，全く異なる視点から新たな言語行為理論を展開してい
こうとしていたことが分かります．

● 3 つの行為について

　ここでは，言語行為理論において重要な位置を占める，
オースティンが提案した 3 つの行為について見ていくこ
とにしましょう．まず，オースティンは，発話を通して遂
行される約束・謝罪・警告・依頼のような行為と，これに
関連して行われるほかの行為とを区別することが必要だと
考えました．そこで，オースティンは，発話による行為
を，**発語行為** (locutionary act)・**発語内行為** (illocutionary
act)・**発語媒介行為** (perlocutionary act) という 3 つの行
為に分類することにしました．発語行為とは，一定の意味
を持つ語・句・文のような言語形式を発するという行為そ

☞ Locutionary act
☞ Illocutionary act
☞ Perlocutionary act

のものを指します．オースティンによると，この発語行為
は，**音声行為** (phonic act)・**用語行為** (phatic act)・**意味**
行為 (rhetic act) という 3 つのレベルに分類されます．音
声行為は，言語を音として発する行為のことです．用語行
為は，文法的に正しい形式で，語・句・文を発する行為の
ことです．意味行為は，一定の意味を持ち，指示対象が明
らかな語・句・文を使用する行為のことを指します．この
3 つの行為が同時に行われることで発語行為が成立すると
説明しています．

☞ Phonic act
☞ Phatic act
☞ Rhetic act

ポイント　オースティ
ンは，発話による行為
を発語行為，発語内行
為，発語媒介行為とい
う 3 つのレベルに分
類した．

【Q】　聞き手に本を貸してもらったという状況で，次の文が発話されたとし
ます．この例を通して，オースティンの提案する 3 つの行為について考
えてみよう．

(31)　I promise to return this by next week.
　　　（私はこれを来週までに返すことを約束します）

【A】　(31) では，まず話し手は，聞き手に対して [aɪ
prɔmɪs tə rɪtəːn ðɪs baɪ nekst wiːk] と言っています．この
ように，ことばを音声として発することが音声行為になり
ます．また，例えば Week by next this promise I return to.
のように，英語の語を使用していても，文法的に間違った
語順ではなく，文法的に正しい (31) のような文を発する
ことが用語行為となります．意味行為は，this が「手もと
にある本」を指し，return が，例えば「(ボールなどを打
つように) 打ち返す」という意味ではなく，「持ち主に返
す」という意味を表すといったように，それぞれの語に一
定の意味と指示対象を持たせようという意図を持ってこと
ばを発する行為を指します．こうして音声行為・用語行
為・意味行為という 3 つの行為が同時に遂行されること
によって，I promise to return this by next week. という文
を発する発語行為が成り立つことになります．

　発語内行為とは，発話をすることによって，話し手が遂
行する行為のことです．発語内行為では，発話の中に存在
する約束・謝罪・警告・依頼といった発語内の力（illocu-
tionary force）が行使されることになります．言語行為理
論の中心は，この発語内行為であることが多く，言語行為
と言えば，一般にこの発語内行為を指します．(31) では，
本を返すことを約束する行為がこれに当たります．

　最後に，発語媒介行為は，発話をすることによって，聞
き手にある効果を生み出す行為のことです．ここでは，約
束という発語内の力が内在する発話をすることで，相手を
安心させるという効果が生じます．この効果が発語媒介行
為に当たります．この発語媒介行為の効果には，話し手が
意図しているものだけでなく，意図していないものも含ま
れることになります．以上の 3 つの行為を確認するため
に，上の (31) の例文をもう一度見てみましょう．この例
文で，まず I promise to return this by next week. という
文を発する行為が発語行為となります．次に発語内行為
は，借りた本を返すことを約束する行為のことです．最後
に発語媒介行為は，この発話をすることによって，相手を
安心させるという行為を指します．　　　　　　⇒ **発展問題【3】**

　最後に次の例を見てみましょう．

【Q】　次の例では，それぞれ文の形式が違いますが，発話を通して，どのよ
　　　　うな発語内行為が遂行されているのか考えてみよう．

(32)　I request you to open the windows.
　　　（窓をあけるように依頼します）

(33)　Please open the windows. （窓を開けてください）

(34)　Can you open the windows? （窓を開けてくれますか）

(35)　It's very hot in this room. （この部屋はとても暑いですね）

【A】　例えば，教師が窓の近くに座っている学生に向かっ

て，上の文を発話したとします．まず（32）は request と
いう遂行動詞が含まれている明示的遂行文ですので，依頼
という発語内行為が遂行されていることは明らかです．次
に（33）も命令文という文の形式から，依頼という発話内
行為が遂行されていることが分かります．（34）では，形
式上は疑問文ですが，窓を開けることができるのかどうか
を聞いているのではありません．したがって，話し手は，
聞き手から yes か no かの答えを期待しているのではなく，
窓を開けるという行動を期待して，依頼をしていると考え
られます．（35）は平叙文ですが，話し手の目的は，部屋
が暑いということを単に伝えることでありません．ここで
もやはり，聞き手が窓を開けてくれることを依頼している
と考えられます．

　以上のように，文の形式から予想される発話内行為とは
異なる発話内行為が遂行されることはよくあります．特に
依頼をするような場合には，（32）や（33）のような，文
の形式から依頼という行為が明らかな文だけではなく，（34）
や（35）のような，文の形式からは依頼という行為が明白
ではないような文も使われることが多いのではないでしょ
うか？この点に着目したのが，次の章で紹介する**ジョン・
サール**（John Searle）です．サールは，文の形式と発語内 ☞ John Rogers Searle
行為との間の関係が直接的ではない（34）や（35）のよう
な発話を直接的なものと区別して，**間接言語行為**（indirect ☞ Indirect speech act
speech act）と呼んでいます．この間接言語行為について
は，次章でもう少し詳しく考えることにしましょう．

　以上の通り，オースティンは，発話による行為を，発語
行為・発語内行為・発語媒介行為という 3 つの行為に分
類し，特に発語内の力を軸に発話を分析していくことにな
ります．このようなオースティンの理論は，彼の考え方を
受け継いだサールによって，様々な検討が加えられていく
ことになります．第 3 章では，このサールの言語行為理
論について詳しく見ていくことにしましょう．

● 発展問題

【1】　不発と濫用の例をそれぞれ挙げて，説明してみよう．

【2】　遂行文の 5 つの文法的特徴を参照しながら，次の例文が遂行文なのか，そうでないのか考えてみよう．

　(1)　He orders you to close the door.

　　　（彼はあなたにそのドアを閉めるように命令します）

　(2)　I warn you not to drink too much.

　　　（私はあなたに飲み過ぎないように警告します）

　(3)　He was declared guilty.（彼は有罪だと宣告されました）

【3】　例文を挙げて，発語行為・発語内行為・発語媒介行為という 3 つの行為の点からその例文について説明してみよう．

　　（発展問題の答えは用意されておりませんので，本書の内容をよく読んで，考えてみてください．）

● 参考文献

今井邦彦 (2015)『言語理論としての語用論──入門から総論まで』開拓社.

加藤重広 (2012)『日本語語用論のしくみ』研究社.

小泉保 (2009)『入門　語用論研究──理論と応用』研究社.

中島信夫 (2012)『語用論』朝倉書店.

山梨正明・有馬道子 (2006)『現代言語学の潮流』勁草書房.

Levinson, S. C. (1983) *Pragmatics*, Cambridge University Press, Cambridge.［安井稔・奥田夏子（訳）(1990)『英語語用論』研究社.］

● さらに勉強したい人のための参考文献

加藤重広 (2012)『日本語語用論のしくみ』研究社.（語用論の入門書で，オースティンやサールの言語行為理論について非常に分かりやすく書かれています．同書や上に挙げた参考文献を読んで基本事項を確認した上で，以下の原著に当たると良いでしょう．）

Austin, John (1962) *How to Do Things with Words*, Harvard University Press, Cambridge, MA.［坂本百大（訳）(1978)『言語と行為』大修館書店.］（発語行為，発語媒介行為，発語内行為を始めとしてオースティンの言語行為理論の中心となる概念が収録されています．）

第3章　言語行為理論 (2) ── 間接言語行為・適切性条件

● 4つの適切性条件

　前章ではジョン・L・オースティン (John Langshaw Austin) の**言語行為理論** (Speech Act Theory) について説明をしましたが，本章では，オースティンの理論を精密化し，それをさらに発展させたジョン・サール (John Searle) の言語行為理論について見ていくことにしましょう．前章で挙げた，**発語行為** (locutionary act)・**発語内行為** (illocutionary act)・**発語媒介行為** (perlocutionary act) というオースティンの3つの区分のうち発語内行為について，サールは，例えば約束のようなある特定の行為が成立するためには，いくつかの重要な条件が満たされなくてはならないと考えました．この章では，まずその条件について確認することにしましょう．

　オースティンは，「言語行為が首尾よく行われるために満たさなくてはならない条件」として**適切性条件** (felicity conditions) を提案しました．この点に関しては，サールも基本的にオースティンと考え方は変わらないと言えるでしょう．しかし，オースティンが，すべての遂行文に当てはまる一般的な条件としてこの条件を捕らえていたのに対し，サールは，それぞれの発語内行為に特有の内容を持つものとしてこの条件を規定しました．したがって，その内容は個々の発語内行為によって異なり，それぞれの発語内行為を定義づけるものとなっています．

　具体的には，サールは**命題内容条件** (propositional content condition)・**準備条件** (preparatory condition)・**誠実性条件** (sincerity condition)・**本質条件** (essential condition) という4つの条件を提案しています．命題内容条件は，発

☞ John Langshaw Austin
☞ Speech acts

☞ John Rogers Searle

☞ Locutionary act
☞ Illocutionary act
☞ Perlocutionary act

☞ Felicity conditions

☞ Preparatory conditions
☞ Sincerity condition
☞ Essential condition

話が表す命題内容を適切なものとするために満たさなくてはならない条件です．準備条件は，話し手や聞き手，状況に関する条件です．誠実性条件は，話し手の意図の誠実性に関する条件です．本質条件は，発話によって遂行される行為がどのような性質のものであるかを規定する条件です．前述の通り，これらの条件は発語内行為によって内容が異なり，それぞれの発語内行為を定義づけるものとなっています．それでは，「約束」という発語内行為を例に具体的な条件について見ていくことにしましょう．

ポイント　サールの適切性条件は，命題内容条件・準備条件・誠実性条件・本質条件の4つからなる．

「約束」の 4 つの条件

(1)　発話が表す命題は，話し手自身の将来の行為である．（命題内容条件）

(2)　聞き手は話し手が約束した行為を遂行しないよりは遂行することを望んでおり，話し手の側も聞き手がそう望んでいることを信じている．
また，話し手が約束した行為を遂行することが，話し手にとっても，聞き手にとっても自明のことではない．（準備条件）

(3)　話し手は約束した行為を遂行することを意図している．（誠実性条件）

(4)　発話をすることで，話し手は約束した行為を遂行する義務を負うことになる．（本質条件）

【Q】　次の花子の発話の発語内行為が「約束」となるためには，上の 4 つの条件を満たしていなければなりません．具体的にどのような形で条件を満たしているのか説明してみよう．

(5)　太郎：「明日，僕の誕生日会を家でやるんだけど，来てくれるかな？」
　　　花子：「うん，太郎君の誕生日会に出席するよ．」

【A】　上の花子の発話が表す命題は，花子は明日，つまり発話の行われた日の翌日に，太郎の誕生日会に出席すると

いうことになります．したがって，この内容は，花子の将来の行為となっているので，命題内容条件を満たしています．次に，太郎の誕生日会への出席は，聞き手である太郎自身が誘っているため，花子の出席を望んでいることになります．また花子は，太郎に誘われているため，太郎が花子に誕生日会に出席してもらいたいと望んでいることにも気づいています．さらに，太郎が自分の誕生日会が発話の翌日行われることを花子に告げ，花子を誘っていることから，花子がまだ誕生日会に誘われていないことが分かります．つまり，花子が太郎の誕生日会に来るということがすでに決まった，自明のことではないということになります．自明のことなら誘うはずがありませんし，自明のことなのに，太郎がこのように誘いでもしたら，きっと花子は「太郎君大丈夫かな？」と少し太郎のことが心配になるかもしれません．いずれにせよ，このことから，準備条件も満たしていることが分かります．また，「風邪をひいたとか適当な理由を作って，当日欠席すればいいや」などと花子が考えずに，本当に出席するつもりで，この約束をしたとすれば，誠実性条件も満たすことになります．最後に，花子がこの発話をしたことで，太郎の誕生日会に出席するという約束を果たす義務を花子が負ったことになり，これにより本質条件を満たすことになります．

　以上が約束という発語内行為を成立させる適切性条件ですが，サールは約束以外に，「依頼」，「主張・陳述・肯定」，「質問」，「感謝」，「助言」，「警告」，「挨拶」，「祝福」に関しても，それぞれの行為に特有の適切性条件について説明を行っています．

● サールは発語内行為をどのように分類したのだろうか？

　前章でふれた通り，オースティンは，**明示的遂行文** (explicit performatives) と**暗示的遂行文** (implicit performatives) を区別しています．分かりやすい言い方をすれば，

☞ Explicit performative

明示的遂行文には文の中に promise（約束する）などの（行為）遂行動詞が含まれていますが，暗示的遂行文には遂行動詞が含まれていないという違いがあります．オースティンは，このような遂行動詞に基づいて，発語内行為の種類を次の 5 つの型に分類しています．

ポイント オースティンは遂行動詞に基づいて，発語内行為の種類を 5 つの型に分類した．

(6)　**判定宣告型**（Verdictives）
　　　遂行動詞：acquit（無罪とする），convict（有罪とする），calculate（算定する）など

☞ Verdictive

　　権限行使型（Exercitives）
　　　遂行動詞：appoint（任命する），dismiss（解雇する），command（命令する）など

☞ Exercitive

　　行為拘束型（Commissives）
　　　遂行動詞：promise（約束する），contract（契約する），swear（誓う），guarantee（保証する）など

☞ Commissive

　　態度表明型（Behabitives）
　　　遂行動詞：apologise（謝罪する），thank（感謝する），congratulate（祝辞を述べる）など

☞ Behabitive

　　言明解説型（Expositives）
　　　遂行動詞：affirm（肯定する），deny（否定する），answer（解答する），report（報告する）など

☞ Expositive

これに対して，サールは遂行動詞を分析しても発語内行為を分類することはできないと考え，**適合方向性**（direction of fit）と発話の目的によって，発語内行為を 5 つの型に分類しました．適合方向性とは，ことばを現実世界に合わせるか，あるいは現実世界をことばに合わせるかという方向性のことで，サールはこの適合方向性を通して，発語内行為の特徴をとらえることができると考えました．

☞ Direction of fit
ポイント サールは適合方向性と発話の目的によって，発語内行為を 5 つの型に分類した．

　それでは，サールが提案した 5 つの型について見てみることにしましょう．

(7)　**表示型**（Representatives）／**断言型**（Assertives）　　☞ Representative act
　　話し手が世界についての記述や表示として命題を表
　　す行為を指します．この型に属する発語内行為に
　　は，断定・言明・想定・仮説・主張・結論・報告な
　　どがあります．

　　行為指示型（Directives）　　☞ Directive act
　　話し手が発話したことを聞き手に実行させようとす
　　る行為を指します．例えば，命令・要求・忠告など
　　がこの型に入ります．

　　行為拘束型（Commissives）　　☞ Commissive
　　話し手が発話を通して，自分の未来の行為に対して
　　義務を負うことになり，自分自身を拘束する行為を
　　指します．例えば，誓いや約束などがこの行為に含
　　まれます．

　　感情表現型（Expressives）　　☞ Expressive act
　　話し手の心の中にある感情や態度を表現する行為を
　　指します．これには感謝・称賛・非難などの行為が
　　含まれます．

　　宣言型（Declarations）　　☞ Declaration
　　宣言することによって物事の状態を変化させる行為
　　を指します．宣言型の文は，オースティンの遂行文
　　の代表的な例の 1 つとなっています．この行為に
　　は，辞任・解雇・宣言・判決・任命・宣戦布告など
　　が含まれます．

すでに述べたように，これらの型は，適合方向性という概　　⇒ 発展問題【1】
念によって特徴づけることができます．例えば，「今，雨
が降っています」という表示型の発話は「雨が降っている」
という状況が現実世界に存在し，その状況を発話によって
ありのまま表したものと考えられます．この場合，まずあ
る状況が現実世界に存在し，発話によってその状況をこと
ばで表すことによって，ことばを世界に適合させているこ

とになります．つまり，表示型の適合方向性は，ことばを
世界へ合わせる「ことばから世界へ」という適合方向性を
持つことになります．

　これに対して，「もっと勉強しなさい」という命令や「今
日からゲームをする時間を1日2時間までとすることを
約束します」という約束では，発話をすることによって現
実世界をその発話の内容に合わせることになります．つま
り，命令などの行為指示型や約束などの行為拘束型では，
命令や約束をする前は，発話が表す世界は存在しません．
発話がなされた後に，命令では聞き手が行動をすることに
よって，約束では話し手が行動をすることによって，こと
ばが表す通りになるように世界を作り出すことになりま
す．つまり，行為指示型や行為拘束型では，世界をことば
に合わせることになり，「世界からことばへ」という適合
方向性を持つことになります．

　また，例えば「さくまサン（白いクマのゆるキャラ）を
学習院大学の広報大使に任命する」といったように，宣言
することによって，ゆるキャラを大使に任命するような場
合には，行為指示型や行為拘束型と同様に，発話をする前
には，発話が表す世界は存在しません．しかし，これらの
型とは違って，発話と同時に，ことばと一致する世界が作
り出されることになります．そのため，宣言型は「世界か
らことばへ」と「ことばから世界へ」という二重の適合方
向性を持っていると説明されています．

　以上のようにそれぞれの発語内行為には適合方向性があ
り，同じ型に属した発語内行為は同じ方向性を持つことに
なります．

【Q】　次の発話は上のどの型に属し，どのような適合方向性を持つのか考え
てみよう.

(8)　Light travels faster than sound. (光は音よりも早く伝わる)

(9)　Clean your room! (あなたの部屋を掃除しなさい)

(10)　I'll send you an e-mail. (あなたにメールを送ります)

(11)　I fire you. (あなたを解雇します)

(12)　I apologise for keeping you waiting so long.

(長らくお待たせして申し訳ありません)

【A】　(8) は，物理学上の真理を表すもので，話し手はこ
の発話を真として表しています. このような発話は，表示
型に属し，この世の中の真理をありのままに伝えるものな
ので，ことばを世界に適合させていることになり，「こと
ばから世界へ」という適合方向性を持っていると言えるで
しょう. (9) は，聞き手に部屋の掃除をするように命じて
いますので，行為指示型の発語内行為となっています. こ
の発話が表している掃除をするという行為は，この発話の
後に行われることになります. つまり，聞き手が掃除をす
ることによって，ことばに合わせて世界が作り出されま
す. したがって，「世界からことばへ」という適合方向性
を持つことになります. (10) の発話は，話し手がメール
を送るという約束をしていますので，未来の行為に対して
自分自身を拘束していることになります. つまり，この発
話は行為拘束型の発語内行為を表しています. 話し手が発
話の内容を守ることによって，ことばに合わせて，世界が
作り出されます. したがって，命令と同様に「世界からこ
とばへ」という適合方向性を持つことになります. (11)
は，この発話をすることによって，聞き手が解雇されると
いう状況が作り出されます. 上のさくまサンの任命と同様
に，相手を解雇する発話は，宣言型に属します. 宣言型で
は，ことばと同時に世界が作り出されることになりますの

で，「世界からことばへ」と「ことばから世界へ」という双
方向の適合方向性を持つことになります．（12）は謝罪を
表す発話で，話し手の心の中にある感情を表していること
から感情表現型に属すると考えられます．表示型のよう
に，発話によって現実世界を表しているわけではありませ
んし，行為指示型や行為拘束型のように，ことばに合わせ
て世界が作り出されるわけでもありません．感情表現型の
発話では，話し手の心の中の感情を表しているだけですの
で，真か偽かを問うこともできません．サールによると，
この型の発話は，適合方向性を持たないことになります．

　ここで整理をするために，それぞれの型と適合方向性の
関係を以下の通り，まとめてみましょう．

(13)　表示型　「ことばから世界へ」
　　　行為指示型　「世界からことばへ」
　　　行為拘束型　「世界からことばへ」
　　　宣言型　「ことばから世界へ」と「世界からことば
　　　　　　　へ」の双方向
　　　感情型　なし

● 間接言語話行為について考えてみよう

> 【Q】　次の発話は2つとも同じ発語内行為を表していますが，その発語内行
> 　　　為とはどのようなものでしょうか？
>
> (14)　Pass me the salt and pepper.（塩とコショウをとってください）
> (15)　Can you pass me the salt and pepper?
> 　　　（塩とコショウをとってもらえませんか？）

【A】　2つの例文の形式は違いますが，ともに聞き手に塩
とコショウをとってもらおうとするもので，いわゆる依頼
という発語内行為を表しています．ただし，（14）には命
令文が使われていますので，塩とコショウを手渡すことを

聞き手に直接依頼していることになります．これに対し
て，(15) では疑問文が使われていますので，形式上聞き
手が塩とコショウを手渡すことができるかを質問している
ことになります．しかし，一般的には，間接的に聞き手に
塩を手渡してもらうことを依頼する文として使われること
が多いはずです．

　(14) のように，命令文の形式をとったり，request など
の遂行動詞を含んだりすることによって，明示的に聞き手
にある行為を依頼するような発話では，文の形式と発語内
行為との関係が直接的なものとなっています．このような
発話を直接言語行為（direct speech act）と呼びます．これ
に対して，(15) のように，形式上は例えば「質問」とい
う発語内行為を遂行することによって，実際には「依頼」
という別の発語内行為を遂行するような発話では，文の形
式と発語内行為との間の関係が直接的なものとはなってい
ません．このような発話を間接言語行為（indirect speech
act）と呼びます．

☞ Direct speech act
ポイント 言語行為に
は直接言語行為と間接
言語行為がある．

☞ Indirect speech act

【Q】　次の発話では，どのような発語内行為が遂行されているのか考えてみ
　　　よう．
(16)　I'd like you to give me some advice.
　　　（アドバイスをいただきたいと思います）
(17)　I don't mind if you use my computer.
　　　（私のコンピュータを使ってもかまいません）

【A】　(16) は聞き手にアドバイスをしてもらいたいとい
う話し手の気持ちを表しています．(17) も聞き手がコン
ピュータを使ってもかまわないという話し手の気持ちを表
しています．つまり，これらの文の文字通りの意味だけを
見ると，言明という発話内行為を表していることになりま
す．しかし，話し手の目的は，そういった自分の気持ちを

相手に伝えることだけではありません．話し手は，これら
の発話を通して，相手に依頼をしたり，許可を与えたりし
ていると考えられます．つまり，(16) と (17) は「言明」
という発語内行為を介して，それぞれ「依頼」と「許可」
という発語内行為を遂行する間接言語行為だと言えるで
しょう．

　英語で相手に何かを依頼する際に，Can you ...?（〜する
ことはできますか？）や Would it be possible for you to ...?
（〜することは可能ですか？）といった表現がよく使われま
す．こういった発話を言語行為理論の観点からみると，形
式上は質問という発語内行為を利用してはいますが，実際
には依頼という異なる発語内行為を遂行していることにな
ります．つまり，これらの発話は間接言語行為の事例と言
えるでしょう．日本語でも，例えばクーラーが効きすぎて
寒いのでクーラーのスイッチを消して欲しいと考えている
ような場合には，「クーラーを消しなさい」と命令したり，
「クーラーを消すように依頼します」と直接言語行為を用
いたりすることは少ないのではないでしょうか？むしろ相
手に何かを依頼するような場合には，英語の場合と同様
に，「クーラーを消していただけますか」とか「クーラー
を消していただいても構いませんか？」などの慣用的な依
頼表現を用いることが明らかに多いはずです．これは，直
接的ではなく間接的に依頼することが，丁寧さにつながる　　　⇒ 発展問題【2】
からとも考えられるでしょう．この点については，ポライ
トネスとも深く関連していますので，次の章で詳しく検討
することにしましょう．

　依頼を表す間接言語行為には，上に挙げたような慣用的
な表現が使われることが多いという点についてはすでにふ
れましたが，慣用的ではない表現が使われることもありま
す．例えば，初夏の季節に授業が行われているとしましょ
う．そこで教員が気を利かせたつもりで，クーラーで部屋
をキンキンに冷やしたとします．そのような状況で，学生

が教員に次のように言ったとしたらどうなるでしょう？

(18)　先生，この教室少し寒いです．

発話された文は教室の温度が寒く感じられるほど低いという
うことを表す言明ですが，聞き手である教員は，クーラー
の温度を少し上げる，もしくはクーラーをいったん止める
ことを学生が依頼していると解釈するはずです．上で見た
例と同様に，ここでも言明を表す文を使って依頼という発
語内行為を遂行していることになります．もちろん文の表
す意味が多義的であり，(18) に依頼という意味が含まれ
ているわけではありません．また，「～していただけます
か」とか「～していただいても構いませんか？」，あるい
は英語の Can you ...? や Would it be possible for you
to ...? のなどの表現とは異なり，必ずしも「少し寒いです」
という表現形式自体が慣用的に依頼を表すのに使われると
は限りません．例えば，冬の時期や，夏であっても長雨の
時期などに，屋外で「今日は少し寒いですね」と話しかけ
られ，「本当にそうですね」とは返答することはあっても，
まさか暖房をつけるよう依頼しているとは考えないでしょ
うし，上のように，冷房を止めるよう依頼しているなどと
も考えることはないでしょう．つまり (18) は，文が発せ
られる状況，つまり**コンテクスト** (context) に依存する面
が強い発話だと考えられます．

　例えば，夏場ではなく冬場の授業で「先生，この教室少
し寒いです」と言われれば，冷房を消すのではなく暖房を
つけてほしいのだと解釈するでしょうし，日当たりの良い
南側の部屋が空いているのを知っているという状況なら
ば，そちらの教室に移動したいという意味に解釈するかも
しれません．また，夏でも，長梅雨や突然の雷雨などの影
響で気温が低くなることがありますが，そのような時に教
室の窓が開いていたとしたら，「窓を閉めてもらいたいの
だな」と解釈するでしょう．このように同じ発話でもコン

☞ Context

テクストによって様々な解釈が生まれてきます．このよう
な発話の解釈では，サールが提案するような適切性条件を
どんなに規定したとしても，また適合方向性を使って，ど
んなに説明を試みようとしたとしても，話し手がどのよう
なことを伝えようとしているのかは明らかにすることはで
きません．また，話し手が伝えようとしていることを聞き
手がどのように解釈するのかということについても合理的
な説明をすることはできません．

　これまで見てきたように，言語行為理論では，例えば言
明や質問といった発語内行為を通して，依頼といった異な
る発語内行為が遂行されるという点に強い関心が示されま
した．これに対して，文が表す意味からどのような過程
で，話し手が伝えようとしている意味が解釈されるのかと
いう，むしろ解釈の過程に着目した人物がいました．それ
が，**ポール・グライス**（Paul Grice）という言語哲学者で　☞ Herbert Paul Grice
す．グライスの影響により言語行為理論とは異なった方向
で語用論が発展していくことになりますが，このグライス
が提唱した語用論については，次章以降で詳しく見て行く
ことにしましょう．　　　　　　　　　　　　　　　⇒ **発展問題【3】**

● **発展問題**

【1】　次の例文について，サールが提案する 5 つの型のどの型に分類されるか考
　　えてみよう．また，それぞれの文の適合方向性についても考えてみよう．

　(1)　I state that it is snowing.

　(2)　I advise you to see a doctor.

　(3)　I promise to come on Friday.

　(4)　I apologize for stepping on your foot.

　(5)　I now pronounce you man and wife.

【2】　どうして間接言語行為が直接的な依頼表現よりも丁寧な印象を与えるのか
　　考えてみよう．

【3】　次の間接的な発話を言語行為理論の観点から説明してみよう.

　　A:　これからスイーツビュッフェに行かない？

　　B:　最近太り気味で，甘いものは控えなきゃいけないんだ.

● 参考文献

今井邦彦 (2015)『言語理論としての語用論 —— 入門から総論まで』開拓社.

加藤重広 (2012)『日本語語用論のしくみ』研究社.

小泉保 (2009)『入門　語用論研究 —— 理論と応用』研究社.

中島信夫 (2012)『語用論』朝倉書店.

山梨正明・有馬道子 (2006)『現代言語学の潮流』勁草書房.

● さらに勉強したい人のための参考文献

加藤重広 (2012)『日本語語用論のしくみ』研究社. (語用論の入門書で，オースティ
　　ンやサールの言語行為理論について非常に分かりやすく書かれています. 同書や
　　上に挙げた参考文献を読んで基本事項を確認した上で，以下の原著に当たると良
　　いでしょう.)

Searle, John R. (1969) *Speech Acts: An Essay in the Philosophy of Language*, Cam-
　　bridge University Press, Cambridge. [坂本百大・土屋俊 (訳) (1986)『言語行為
　　—— 言語哲学への試論』勁草書房.] (オースティンの言語行為理論を受け継ぎ，
　　発展させたサールの言語行為理論の中心となる考え方が示されています.)

Searle, John R. (1979) *Expression and Meaning: Studies in the Theory of Speech Acts*,
　　Cambridge University Press, Cambridge. [山田友幸 (監訳)，高橋要・野村恭史・
　　三好潤一郎 (訳) (2006)『表現と意味 —— 言語行為論研究』誠信書房.] (サール
　　の言語行為理論を発展させた考え方が示されており，適合方向性や間接言語行為
　　などについても詳しく書かれています.)

第4章　グライスの語用論（1）— 協調の原理と会話の格率

● ことばによって伝達されること

　普段の会話において私たちは，あるメッセージをことば
にしないで伝えようとしてみたり，相手の**発話**（utter-
ance）から，ことばにされていないメッセージを読み取っ
たりしています．本章と次章では，そういった言外のメッ
セージが解釈される仕組みや，ことばによって伝達される
意味（meaning）について考えていきたいと思います．
　それではまず以下の例を見てみましょう．

☞ Utterance

☞ Meaning

【Q】　これらの発話で，話し手（太郎）は何を伝えようとしているでしょう
　　か？

(1)　彼女はそれをひいた．

(2)　X went into a house yesterday.（昨日 X さんはある家に入った）

(3)　花子：　今晩どこかに出かけない？
　　　太郎：　ごめん．明日から出張が入っているんだ．

【A】　(1) で用いられていることばだけを見ると，「ある
女性（＝彼女）が，何か単数のもの（＝それ）を，引いた
／弾いた／挽いた（＝ひいた）」としか述べられていませ
ん．しかし実際の会話の中で (1) の発話が生じたとする
と，そのような漠然とした内容を**話し手**（speaker）が伝え
ようとしているとは思わないでしょう．この発話が行われ
た場面に応じて，例えば「花子はくじを引いた」，「メア
リーはショパンのノクターンを弾いた」，「良子はコーヒー
豆を挽いた」などといったように，ことば自体の**言語的意
味**（linguistic meaning）を基にして，より具体的な解釈を

☞ Speaker

☞ Linguistic meaning

39

するはずです．一方（2）の話し手は，昨日 X さんが入っ
た場所について，*a house* としか言っていませんが，この
発話から，その家は「X さん自身の家ではない」というこ
とが読み取れます．（3）でも太郎は，「発話が行われた翌
日（＝明日）から出張が入っている」と言うことで，「今
晩，一緒に出かけることはできない」ということを花子に
伝えようとしていると理解できるでしょう．

　これらの例からも明らかなように，実際の会話におい
て，話し手が，伝えたいことをすべてことばにして言い尽
くしているということは，ほとんどないと言っていいで
しょう．そのため**聞き手**（hearer）は，言語化されている
情報をただ受け取るだけでなく，それ以上のことを補って
相手が伝えようと意図した意味を解釈しなくてはならない
のです．

☞ Hearer

ポイント 実際の会話
で，私たちは伝えたい
ことをすべてことばに
しているわけではな
い．

　それでは，どのように聞き手は言語化されている以上の
ことを解釈しているのでしょうか．この点について**グライ
ス**（Paul Grice）は，発話が生じた**コンテクスト**（context）
に基づいて，聞き手は，言語的に符号化された（不十分な）
情報を手がかりに，相手の意図した意味を**推論**（inference）
しているということを明らかにしました．またグライス
は，話し手が伝えようと意図した意味を，明示的意味と非
明示的意味の 2 つに区別しています．前者は話し手が明
らかに伝えようとした意味で，**言われたこと**（what is
said）と呼ばれます．この意味は（1）で見たような，こと
ば自体の言語的意味を基にして得られる字義通りの意味で
す．後者は話し手が暗にほのめかした意味で，**含意された
こと／含意**（what is implicated／implicature）と呼ばれま
す．この意味は（2），（3）で見たような，発話自体ではこ
とばにされていないものです．それではグライスの分析に
沿って，これら 2 つの話し手の意図した意味がどういっ
た性質のもので，聞き手によってどのように解釈されるの
か考えていくことにしましょう．

☞ Herbert Paul Grice
☞ Context

ポイント 話し手の意
図した意味を解釈する
ためにはコンテクスト
に基づいた推論が必要
である．

☞ What is said

☞ Implicature

● 発話の明示的意味：言われたこと

　まず話し手が伝えようと意図した意味のうち，明示的意味である「言われたこと」がどのように解釈されるのか見ていきましょう．

【Q】　以下の例では，どういった内容が明示的に伝達されているでしょうか？またその意味を解釈するために，聞き手はどういったことを推論しなくてはならないでしょうか？

(4)　He went to the bank. (彼は *bank* に行った)

(5)　ここあついね.

(6)　Flying planes can be dangerous. (*Flying planes* は危険な可能性がある)

【A】　(4) で話し手が明示的に伝えようとする内容を理解するためには，*He* が具体的に誰を指しているのか，*bank* というあいまいな語が「銀行／土手」のいずれの意味で用いられているのかを把握しなくてはならないでしょう．(5) でも同様に，「ここ」がどこを指し，「あつい」が「暑い／熱い／厚い」のどの意味なのかを理解する必要があります．これらのことは，発話で用いられたことばだけでは判断できません．聞き手は発話が行われたコンテクストに照らして，*He* や「ここ」が指す対象を確定し，*bank* や「あつい」が持つ複数の意味の中から，話し手の意図した意味を選び出さなくてはならないのです．それによって，例えば (4) から「ジョンは銀行に行った」という解釈や，(5) から「401 教室が暑い」といったより具体的な解釈が得られることになります．(6) も**あいまい性** (ambiguity) を含んだ発話ですが，(4), (5) の *bank* や「あつい」のような**語彙的あいまい性** (lexical ambiguity) ではなく，**構造的あいまい性** (structural ambiguity) がかかわります．つまり聞き手は，*Flying planes* を「飛んでいる飛行機」と解釈するのか，「飛行機を飛ばすこと」と解釈するのかを

☞ Ambiguity

☞ Lexical ambiguity

☞ Structural ambiguity

コンテクストに基づいて選択する必要があるのです.

　(1) の「彼女」や「それ」,(3) の「明日」,(4) の *He*,
(5) の「ここ」といった表現が,「誰・何・いつ・どこ」を
指すのか確定することを**指示対象付与**(reference assign-
ment) といいます. 一方,(1) の「ひいた」,(4) の *bank*,
(5) の「あつい」のような語のあいまい性や,(6) に見ら
れる構造上のあいまい性を解決する作業は**一義化**(disam-
biguation) と呼ばれます. グライスは,言語的に符号化さ
れた意味に,これら 2 つのことをコンテクストから推論
して得られた解釈を「言われたこと」としています. つま
り聞き手はコンテクストに基づき,ことば自体の言語的意
味に指示対象付与や一義化を行って,話し手が伝えようと
意図した明示的意味である「言われたこと」を把握すると
考えているのです.

　発話によって話し手が伝えようとする意味は,もちろん
ここで見た明示的意味だけではありません. ことばにして
いない非明示的意味が伝達されることもあります. 例えば
(5) で話し手が,言われたこととして「401 教室が暑い」
ということを明示的に伝達しているとすると,それと同時
に「冷房を入れてください」といったことも暗にほのめか
しているかもしれないのです. グライスはそういった言わ
れたこと以外で話し手が伝えようと意図した意味を「含意
されたこと／含意」としています.

　それでは含意の解釈について検討していく前に,まず普
段私たちが会話をする際に,どのように相手とのやり取り
を行っているのか少し考えてみることにしましょう.

● 会話の根底にあるもの:協調の原理

　次の (7) は,太郎,花子,次郎の 3 人がゴールデン
ウィークの旅行の計画を立てている場面での会話です.

　(7)　太郎:　来月のゴールデンウィーク,どこに行こう

☞ Reference assignment

☞ Disambiguation

ポイント 「言われたこと」を解釈するためには,推論によって指示対象付与と一義化を行う必要がある.

⇒ 発展問題【1】

　　　　　　か？

花子：　私，四国に行ってみたいんだけど．

次郎：　いいね！愛媛には道後温泉もあるし，香川
　　　　はうどんが有名だから，俺も前から行って
　　　　みたいと思ってたんだよ．

太郎：　じゃあ，みんなで四国に行くか．

次郎：　賛成！　ホテルと飛行機を予約するから日
　　　　程を決めようよ．

花子：　松山と高松に 1 泊ずつの 2 泊 3 日でいいよね．

太郎：　俺は 3 日から 5 日なら大丈夫だけど，花子
　　　　と次郎はどう？

　　　　　　　　　　　⋮

　この会話は友人同士のごく自然な会話に感じられるで
しょう．太郎，花子，次郎の 3 人がゴールデンウィーク
の旅行の計画を立てるという目的に沿って，適切に発言し
合っているのが分かります．もし 3 人がそれぞれ好き勝
手に自分の言いたいことばかり言っていたら，旅行の計画
はまとまらないでしょうし，そもそも会話自体が成立しな
いかもしれません．

　この例だけでなく普段の会話を思い返してみると，会話
を円滑に進めるために，私たちは会話の目的に沿ってお互
いに協力し合っているということに気がつくでしょう．グ
ライスもその点に着目し，コミュニケーションを参加者に
よる協調的な行動と捉え，会話の根底にある原理として
「協調の原理」を提案しました．

協調の原理（Co-operative Principle; CP）

　会話の参加者は，参加している会話の目的や方向性に
合うように発話をしなければならない．

☞ Co-operative Princi-
ple

　この協調の原理が示しているのは，その名の通り，会話
の参加者には協調することが求められるということです．

これは私たちが普段行っている会話を振り返ってみれば，ごく当たり前のことに思えるでしょう．その一方で，この原理は非常に漠然としたものに感じられるかもしれません．なぜなら，どうすれば会話において協調したことになるのかが示されていないからです．その点についてグライスは，より具体的な指針として，以下で見ていく「会話の格率」を提案しています．

ポイント 会話を円滑に進めるために，会話の参加者は協調的でなくてはならない．

● 協調的な話し手になるために：会話の格率

　グライスは，協調の原理に沿った会話を行うために話し手が守るべき指針として，量，質，関係性，様態の 4 つの**会話の格率**（または会話の公理）(conversational maxims) を挙げています．それぞれの格率がどういったものなのか，具体例を通して見ていくことにしましょう．

☞ Conversational maxims

　まず「量の格率」は，話し手が発話によって伝える情報量に関するものです．

量の格率 (Maxim of Quantity)
a. 求められている情報を提供しなさい．
b. 求められている以上の情報を提供してはいけません．

つまり，発話が提供する情報量は少なすぎてもいけないし，逆に多すぎてもいけないということをこの格率は示しているのです．

ポイント 話し手は適切な情報量を提供しなくてはならない．

【Q】　次の例を量の格率の観点から考えてみましょう．

(8)　花子：　先輩，明日の練習は何時からどこでやるんですか？
　　　太郎：　2 時から大学の体育館だよ．
(9)　夫：　おい母さん，あれどこにやった？
　　　妻：　「あれ」って何ですか？「あれ」じゃ分かりませんよ．
　　　夫：　ほら，あれだよ，あれ．この前のやつだよ．
　　　妻：　「この前のやつ」って言われてもねぇ….

【A】　(8) の太郎の発話は，量の格率に沿って花子の質問に適切な分量の返答をしていると言えるでしょう．しかし，もし太郎の返答が「午後からだよ」だけだったとすると，具体的な時間を知らせていませんし，場所については答えていませんので，量の格率の (a) が守られていないことになります．または太郎が，例えば「2022 年 8 月 9 日の午後 2 時から，群馬県前橋市荒牧町 4-2 の群馬大学荒牧キャンパスの体育館で練習を行います」と答えたとすると，今度は必要以上の情報が与えられているため，(b) を守っていないことになるでしょう．(9) の会話では，夫は妻に「あれ」や「この前のやつ」が具体的に何を指すのか十分な情報を伝えていません．そのためやり取りがうまくいっていないようです．長年連れ添った夫婦であれば，「あれ」や「この前のやつ」と言うだけで通じることがあるかもしれませんが，普通は，例えば「この前お土産にもらったお菓子」とか「この前買った帽子」といったように，量の格率の (a) に沿って十分な情報を与えるべきでしょう．これらの例からも，量の格率に従って適切な情報量を提供することが，協調的な話し手となるためには必要だということが分かります．

　2 つ目の「質の格率」は，発話内容の真実性に関することを規定したものです．

質の格率 (Maxim of Quality)
　a.　真でないと分かっていることを言ってはいけません．
　b.　十分な証拠のないことを言ってはいけません．

つまり話し手は，間違っていると分かっていることや，不確かなことを言ってはいけないのです．

ポイント 話し手は自分の発話を真であるものにしなくてはならない．

> **【Q】**　次の例を質の格率の観点から考えてみましょう.
>
> (10)　学生：　前期の履修はいつまでに登録すればいいんですか？
> 　　　先生：　4月17日までだよ.
> (11)　監督：　よし，今日の練習はこれで終わりだ.
> 　　　部員：　やったー！
> 　　　監督：　そんなわけないだろ！これからグラウンド10周だ！
> 　　　部員：　え〜，まじっすか. 終わりって言ったじゃないですか….

　【A】　(10) の先生の発話は，（先生なら履修登録の期限を知っているはずなので）質の格率に沿って十分確証のある事実を伝えていると判断されるでしょう. 一方 (11) の監督の最初の発話は，監督自身が真でないと分かっていることを言っていますので，質の格率の (a) が守られていません. そのためこの監督の発話は，聞き手である部員にとっては協調的なものとは言えないでしょう. これらの例が示す通り，協調的な話し手となるためには，質の格率に従って確証のある事実を述べなくてはならないのです.
　3つ目の「関係の格率」は，ごく簡単に次のように定義されています.

　　関係の格率 (Maxim of Relation)
　　関連のあることを言いなさい.

つまり話し手は，行われている会話の趣旨から外れるようなことを言ってはいけないのです.

> **【Q】**　次の例を関係の格率の観点から考えてみましょう.
>
> (12)　太郎：　明日は午後から雨らしいけど，運動会は大丈夫かな？
> 　　　花子：　『語用論キーターム事典』は開拓社から出版されています.
> 　　　太郎：　ん…, どういうこと？

【A】　(12) で花子は事実（『語用論キーターム事典』とい
う本は開拓社から出版されています）を述べていますが，
そのことは，運動会に関する太郎の発話とはまったく関係
がありません（さらに太郎の問いかけに対して，十分に答
えているとは言えないでしょう）．そのため太郎との会話
がかみ合っていません．花子がいくら事実を述べていたと
しても，関係の格率を守っていないのであれば，協調的な
話し手とは言えないのです．この例が示す通り，会話の参
加者には会話の内容に関連した発話をすることが求められ
ます．

　これまで見てきた3つの格率は，発話の内容面につい
て規定していますが，最後に挙げる「様態の格率」は，話
し方（情報提示の仕方）に関するものになっています．

様態の格率 (Maxim of Manner)
a.　不明瞭な言い方を避けなさい．
b.　あいまいな言い方を避けなさい．
c.　簡潔に述べなさい．
d.　順序立てて述べなさい．

つまり，これまで見てきた3つの格率に従って，いくら
話し手が適切な分量で，真実で，関連のある情報を提供し
たとしても，その提示の仕方が悪ければ，協調的な発話と
はみなされないのです．

ポイント 話し手は明
快な言い方をしなくて
はならない．

【Q】　次の例を様態の格率の観点から考えてみましょう．

(13)　厚手の鍋に油を熱し，一口大に切った豚肉，玉ねぎ，じゃがいも，
　　　にんじんを炒めます．水を加えて沸騰したら灰汁を取り，弱火で約
　　　15分煮込みます．いったん火を止め，カレールウを割り入れて溶か
　　　し，再び弱火でとろみがつくまで約10分煮込めば出来上がりです．

(14)　A:　先日要求しました給与引き上げへの対応はどうなりましたか？
　　　B:　その件については，こちらとしても，現在，前向きに善処する

　　　方向で検討を開始しようとしているところでして ....
　　A:　対応する気があるのかないのか，はっきりしてください！

【A】　(13) はカレーのレシピです．どのような手順で調
理していけばよいのか，簡潔に順序立てて説明されている
のが分かります．こういった料理のレシピや組立説明書な
どは，様態の格率が守られている典型例でしょう．(14)
は給与の引き上げを要求している場面でのやり取りです．
A からの問いかけに対して B は返答していますが，明確
な回答にはなっていません．そのため様態の格率の (a)
や (c) が無視されていると言えます．ただし，B はわざ
と言葉を濁すことによって，「給与の引き上げをするつも
りはない」ということを暗にほのめかしていると捉えるこ
とができるかもしれません．こういった例については，次
章で詳しく検討していきます．

⇒ 発展問題【2】，【3】

● **協調の原理と会話の格率の目的は？**

　これまで見てきたように，グライスはコミュニケーショ
ンを参加者による協調的な活動と捉え，その根底にある協
調の原理と，それを支える指針として 4 つの会話の格率
を提案しました．グライスは，協調的な話し手になるため
には，協調の原理と会話の格率に従って，十分な情報を与
え，真実を述べ，関係のあることを言い，明快に話せばよ
いと考えているのです．

[ポイント] グライスは，会話の格率を守れば協調的な話し手になると考えている．

　ただし，グライスが協調の原理や会話の格率という概念
を導入したのは，どのような発話をすれば協調的な話し手
となり，コミュニケーションを円滑に進めることができる
のかを明らかにするためではありません．本来の目的は，
暗にほのめかされた非明示的意味(含意されたこと／含意)
を聞き手が解釈する際に，協調の原理と会話の格率が大き
な役割を果たしているということを示すところにありま

す．次章で詳しく見ていきますが，グライスは「協調の原理と会話の格率が守られている」ということを前提にして，聞き手は相手の伝えようとする含意を解釈（推論）すると考えているのです．

● 発展問題

【1】　指示対象付与や一義化が必要となるような発話を考えてみましょう．

【2】　協調的な行動という点から，会話を行うことは，みんなでケーキを作ったり，自動車の修理をすることに似ているとグライスは述べています．これらの行動にはどういった共通点があるでしょうか．協調の原理や4つの格率を基にして考えてみましょう．

【3】　4つの会話の格率が守られている例，守られていない例を考えてみましょう．

● 参考文献

Grice, Paul (1989) *Studies in the Way of Words*, Harvard University Press, Cambridge, MA.［清塚邦彦（訳）(1998)『論理と会話』勁草書房.］

Levinson, Stephen C. (1983) *Pragmatics*, Cambridge University Press, Cambridge.［安井稔・奥田夏子（訳）『英語語用論』研究社.］

Yule, George (1996) *Pragmatics*, Oxford University Press, Oxford.［高司正夫（訳）(2000)『ことばと発話状況──語用論への招待』リーベル出版.］

● さらに勉強したい人のための参考文献

Grice, Paul (1989) *Studies in the Way of Words,* Harvard University Press, Cambridge, MA.［清塚邦彦（訳）(1998)『論理と会話』勁草書房.］（グライスの主要論文を収録した論文集です．協調の原理や会話の格率という概念を導入した論文 "Logic and Conversation"（「論理と会話」）も収められています.）

第5章　グライスの語用論 (2) ─ 会話の含意

● 協調の原理・会話の格率と含意の解釈

　第4章で見たように，**グライス** (Paul Grice) はコミュニケーションを協調的な行動と捉え，協調的な会話の参加者となるためには，**協調の原理** (Co-operative Principle) と**会話の格率** (conversational maxims) を守らなくてはならないとしています．また前章の最後で述べた通り，「協調の原理と会話の格率が守られている」ということを前提にして，**聞き手** (hearer) は相手が伝えようとした**含意されたこと／含意** (what is implicated / implicature) を推論するとグライスは考えています．本章では，こうしたグライスの主張に基づいて，含意がどのように解釈されるのかを中心に検討していくことにしましょう．

☞ Herbert Paul Grice

☞ Co-operative Principle
☞ Conversational maxims

☞ Hearer
☞ Implicature

● コンテクストに左右されない含意：一般的会話の含意

　はじめに，前章の冒頭で挙げた例をもう一度見てみましょう．

(1)　X went into a house yesterday.
　　　(昨日 X さんはある家に入った)

前章で見た通り，この**発話** (utterance) では，*a house* と言うことで「昨日 X さんが入った家は，X さん自身の家ではない」ということがほのめかされています．それではこの含意はどのように引き出されるのでしょうか．「協調の原理と会話の格率が守られている」という前提から，次のようなプロセスを経て，聞き手はこの含意を解釈していると考えることができそうです．

☞ Utterance

　① まず聞き手は，(1) の発話が協調的なもので量の格

率に従っていると考えます．② そうすると**話し手** (speak-er) は，*a house* と言うことで十分な情報量を与えていることになります．③ なぜなら，もし話し手がその家について詳しい情報を提供できるのであれば，量の格率の「求められている情報を提供しなさい」に従って，もっと具体的に（例えば *his house* などと）言っていたはずです．④ そのことから聞き手は，「昨日 X さんが入った家は，X さん自身の家ではない」という解釈にたどり着くのです．

　以下の例についても，協調の原理と会話の格率の観点から同様の説明が可能でしょう．

☞ Speaker

ポイント 協調の原理と会話の格率が守られているということを前提にして，聞き手は相手の伝えようとする含意を解釈する．

【Q】　次の例から，どういった含意がどのように引き出されるでしょうか？
またその含意の解釈にはどの格率がかかわっているでしょうか？

(2)　花子：　来週の発表準備できた？
　　　太郎：　うん．ほとんど終わったよ．

(3)　John went to a McDonald's and bought two hamburgers.
　　　（ジョンはマクドナルドに行ってハンバーガーを 2 つ買った）

(Huang (2014: 34))

【A】　(2) の太郎の発話は，「発表準備がすべて終わったわけではない」ということを暗に伝えているでしょう．この含意の解釈についても聞き手は (1) と同様のプロセスをたどると考えられます．まず太郎の発話が協調的なもので量の格率に従っているとします．そうすると太郎は，「ほとんど終わった」と言うことで十分な情報量を与えている（量の格率）ことになります．そこで花子は，準備がすべて終わっているならそのように言うはずだから，「ほとんど」ということは「それ以上ではない（＝すべてではない）」のだろうと推論し，「発表準備がすべて終わったわけではない」という含意を導き出すのです．(3) では，ジョンが「マクドナルドに行った」ということと，「ハン

バーガーを 2 つ買った」ということしか述べられていませ
ん．しかし普通，聞き手はこれら 2 つの行動が言われて
いる順番で行われたのだ（つまり，John *first* went to a
McDonald's *and then* bought two hamburgers.）と考えるで
しょう．なぜなら協調的な話し手であれば，2 つの行動に
ついて述べる際には，行われた順番で言うはずだからで
す．グライスはこの解釈を，様態の格率の「順序立てて述
べなさい」が守られているという想定から得られる含意で
あると捉えています．

　それでは（2）の太郎の発話と，次の例での三郎の発話
を比べてみましょう．

　（4）　先生：　昨日の練習はどうだった？
　　　　三郎：　はい．ほとんどの部員が参加しました．

この三郎の発話からも，（2）と同様に「ほとんど」と言う
ことによって「すべてではない」という含意が伝わります．
この他にも，例えば「ほとんど食べた／使った／書いた」
と言われれば，いずれの場合も「すべてではない」のだと
解釈するのが普通でしょう．そうすると**コンテクスト**
（context）に関係なく，「ほとんど」と言えば「すべてでは
ない」という同じ含意が伝わることになります． ☞ Context

　同様に，（1）と（3）で見たような含意もコンテクスト
に左右されません．例えば（1）の *a/an X* のように，不
定冠詞を伴う名詞句が用いられていれば，普通その *X* は
特定的なものや人ではないと考えるでしょう．また（3）
のように，複数の出来事が *and* を用いて並べられていれ
ば，それらが言われている順番で行われたのだと解釈する
のが自然です．

　ここまで見てきたような含意を，グライスは**一般的会話
の含意**（generalized conversational implicature）と呼んで
います．これらの含意が「一般的」とされるのは，（1）-（4）
で見たように，ある表現が発話の中で用いられると，コン

ポイント コンテクス
トにかかわらず通常引
き出されるような含意
を一般的会話の含意と
いう．
☞ Generalized conver-
sational implicature

テクストに左右されず，特別な理由がない限り通常導き出
される含意だからです．

⇒ 発展問題【1】

● コンテクストによって変わる含意：特殊化された会話の含意

　それでは協調の原理と会話の格率に基づいて，第 4 章
の冒頭で挙げた次の例も同様の説明ができるでしょうか．

(5)　花子：　今晩どこかに出かけない？
　　　太郎：　ごめん．明日から出張が入っているんだ．

この例で太郎は，「発話が行われた翌日（例えば 4 月 17 日）
から出張が入っている」という**言われたこと**（what is
said）に加え，「今晩，一緒に出かけることはできない」と
いう含意も伝えているでしょう．

☞ What is said

　ここで注意してもらいたいのは，太郎の発話の「言われ
たこと」だけを見ると，会話の格率が守られていないとい
う点です．この会話で花子が求めているのは，太郎が今晩
一緒に出かけてくれるかどうかという情報でしょう．しか
し太郎は，それとは直接関係のない「明日から出張が入っ
ている」ということしか言っていないのです．そのため太
郎は関係の格率を無視しているとみなされるでしょう．さ
らに太郎が言っていることだけでは，花子からの誘いに対
する十分な返答になっていませんので，「求められている
情報を提供しなさい」という量の格率も守られていないよ
うです．
　以下の例での花子の発話も，言われたことのレベルで捉
えると，いずれかの格率が無視されています．

【Q】　次の例で，花子はどの格率を無視しているでしょうか？また花子はど
　　　ういったことを含意しているのでしょうか？
(6)　太郎：　新しい職場はどう？

花子：　前の職場に比べると天国だよ.

(7)　次郎：　佐藤のやつ, 本当にむかつくよな. この間もさぁ …

花子 (佐藤君がこちらにやって来るのに気づいて)：　語用論のレポー
　　　　ト結構大変だよね. 次郎君は何について書くことにしたの？

(8)　先生：　ゼミの資料, 明日までにまとめておいてもらえる？

花子：　えっ, そうなんですか. まあ, 多分できないことはないかも
　　　　しれませんけど ….

【A】　これらの例での花子の発話の言われたことを見てみ
ると, (6) では, 人間が働く職場が文字通りの意味で「天
国」ということはありえませんので, 質の格率の「真でな
いと分かっていることを言ってはいけません」が, (7) で
は佐藤君とは関係のないレポートのことを言っていますの
で, 関係の格率「関連のあることを言いなさい」が, (8)
では先生からの問いかけに対して明快に返答していません
ので, 様態の格率の「不明瞭な言い方を避けなさい」がそ
れぞれ無視されているようです. しかしその一方で花子
は, (6) では「新しい職場はとても居心地のいい所です」,
(7) では「佐藤君に聞こえるから悪口を言うのはやめた方
がいいよ」, (8) では「もう少し資料の準備に時間をいた
だけませんか」といった含意を伝えていると考えられるで
しょう.

　そうすると, (5) や (6)-(8) の言われたことが, いず
れかの格率を守っていないことと, 話し手が含意を伝達し
ようとしているということの間には, 何か関係があるよう
に思えないでしょうか. さらに注目してもらいたいのは,
上で挙げたような格率の無視があるからといって, どの場
合も会話が破綻してしまっているわけではないという点で
す. これらのことを踏まえ, (5) や (6)-(8) のようなタ
イプの含意は, 以下の ① から ⑤ のようなプロセスを経
て引き出されるとグライスは考えています. それでは (5)

の例を通して，そのプロセスを見ていくことにしましょう．

　① 太郎の発話は「明日から出張が入っている」としか言っていませんので，「言われたこと」では関係の格率と量の格率が無視されています．② しかし太郎は花子と会話をする気がないというわけではなく，会話を成立させようとしているようです．そうすると少なくとも協調の原理には従っていると言えるでしょう．③ それでは太郎は何か別のことを意味（含意）しているのではないかと花子は考え，その内容を推論することになります．④ そして花子は「明日から出張ならば，今晩は出張の準備をして早く寝なくてはいけない」ということに思い当たり，⑤「明日からの出張に備えなくてはならないので，今晩，一緒に出かけることはできない」ということを太郎は含意しているのだと結論づけるのです．この含意のレベルで考えると，花子の誘いに関係する，十分な返答になっていますので，関係の格率と量の格率の違反もありません．よってグライスが主張する「協調の原理と会話の格率が守られている」という前提も保持されていることになるのです．

　このようなプロセスで導かれる含意を，グライスは**特殊化された会話の含意**（particularized conversational implicature）と名づけました．このタイプの含意が「特殊」とされるのは，コンテクストに関係なく通常引き出される一般的会話の含意とは違って，ある特定のコンテクストにおいてのみ生じる含意だからです．つまり同じ発話であっても，その発話のコンテクストが変われば，「含意されたこと」も変わってくるのです．例えば，明日からの出張で必要となる資料をまとめるのに大忙しの太郎に向かって，同僚の三郎が「なぁなぁ，昨日の巨人戦見た？ あそこでピッチャー交代はないよな」と話しかけてきたとします．それに対して太郎が（5）と同様に「ごめん．明日から出張が入っているんだ」と言ったとしても，このコンテクストで

ポイント 特殊化された会話の含意は特定のコンテクストで生じる．

は「出張の資料作りで忙しいから邪魔しないで」という
(5) の場合とは異なった含意が伝わるでしょう.

　また上で示した ① から ⑤ の解釈プロセスからも明ら
かなように,特殊化された会話の含意を伝達する際に,言
われたことだけで判断すれば,話し手は会話の格率を無視
しています.しかし一見格率が守られていないように思え
る発話でも,会話の成立自体までは放棄していない,つま
り少なくとも協調の原理は守られていると気づくことが
きっかけとなって,聞き手は話し手が伝えようと意図した
含意を探し始めるのです.このことから,格率が無視され
ているのは,話し手が協調的でないからではなく,含意を
伝えるため(聞き手に含意を推論させるため)だと言うこ
とができそうです.グライスは,こういった場合の格率違
反を**あからさまな格率違反**(flouting a maxim)と呼んで
います.言い換えれば,話し手は格率をわざと無視し,**逆
用**(exploitation)することによって,聞き手に含意を解釈
させるきっかけにしているのです.ここまで見てきた説明
は,(6)-(8) の花子の発話から生じる含意の解釈にも当て
はまるでしょう.そうすると特殊化された会話の含意を伝
えるために,すべての格率が表面上は守られない可能性が
あるということになります.

☞ Exploitation

⇒ 発展問題【2】

● 格率が守られない場合

　上で見た通り,特殊化された会話の含意を伝達するため
に,話し手はいずれかの格率をあからさまに違反します.
そういったあからさまな格率違反の他にも,格率が守られ
ない場合には,**格率同士の衝突**(clashing between max-
ims),**格率からの離脱**(opting-out),**格率の隠れた違反**
(covert violation)といった様々なケースが想定されてい
ます.

☞ Opting-out

ポイント 特殊化された会話の含意を伝達する際に,話し手は表面上会話の格率を守っていないが,協調の原理まで放棄したわけではない.

【Q】　以下の例で格率が守られていないのには，どういった理由が考えられるでしょうか？これらの例からも含意は生じるでしょうか？

(9)　A:　Where does C live? (C さんはどこに住んでいるの？)

　　B:　Somewhere in the South of France. (南フランスのどこかだよ)

(Grice (1989: 32))

(10)　記者：　　A さん，不倫疑惑が報道されていますが，一言お願いできますか？

　　俳優 A：　その件はノーコメントで．でも来週公開の映画のことならいくらでもお話ししますよ．

【A】　(9) の B の発話内容は漠然としていて，A の質問に対する十分な答えになっていないように思えます．しかしこれは量と質の格率同士が「衝突」をした結果だと言えます．つまり，B が量の格率に従って十分な情報量（C が住んでいる場所のより詳しい情報）を提供しようとすると，質の格率（十分な証拠のないことを言ってはいけません）に違反してしまう恐れがあったのでしょう．そのため B は質の格率の方を優先して，不確かな情報を与えるのを避けたのだと考えられます．それによって「C がどこに住んでいるのか詳しいことは知らない」という含意を伝達しているのです．

　(10) は格率から「離脱」をしている例です．この会話で俳優 A は「ノーコメント」と言っていることからも，そもそも不倫疑惑に関しては，相手の記者と協調的に会話をする気はなさそうですし，量の格率（求められている情報を提供しなさい）も守らないと宣言しているとみなされるでしょう．ただし，俳優 A は「来週公開の映画のことならいくらでもお話ししますよ」と言っていることから，協調の原理と量の格率を一切守る気がないと宣言しているわけではなく，不倫の話題に関してのみ，それらから一時的に離脱するつもりのようです．この俳優 A の発話の前

半部分のように協調の原理と格率が棚上げされた場合，協調の原理が守られていないことになるので含意は生じないとグライスは考えています．

　最後に，格率の「隠れた違反」の代表例として挙げられるのは嘘（lie）です．嘘の情報を伝える話し手が協調的でなく，質の格率（真でないと分かっていることを言ってはいけません）を守っていないのは言うまでもありません．嘘をつく時に，話し手は質の格率の違反が相手にばれないようにしますので，それに聞き手が気づかなければ，その発話を通常の断定と受け取ってしまい，そもそも含意を探そうとはしないでしょう．

☞ Lie

ポイント 会話の格率は様々な理由で守られない可能性がある．

● **緩衝的表現**

【Q】　何らかの理由で格率を守れない場合，話し手はどうすればよいでしょうか？

【A】　そのような場合には，以下の例のイタリック体で示したような表現を用いて，格率が守れないということを相手に知らせればよいでしょう．そういった表現は，**緩衝的表現**（hedge）と呼ばれます．

☞ Hedge

(11) a. *As you probably know,* I am terrified of bugs.
　　　（知っての通り，私，虫が大嫌いなの）
　　　　　　　　　　　　　　　　　（Yule (1996: 38)）

　　 b. *As far as I know*, they're married.
　　　（私の知る限り，二人は結婚しているわ）
　　　　　　　　　　　　　　　　　（Yule (1996: 38)）

　　 c. *I don't mean to change the subject,* but there's an enormous wasp in here. （話をそらすわけじゃないけど，大きなハチがいるよ）　　（Peccei (1999: 31)）

　　 d. *This is a bit convoluted* but …

（ちょっと入り組んだ話なんだけど …）

(Peccei (1999: 31))

　これらの緩衝的表現は，(11a) では量の格率「求められ
ている情報を提供しなさい」が，(11b) では質の格率「十
分な証拠のないことを言ってはいけません」が，(11c) で
は関係の格率「関連のあることを言いなさい」が，(11d)
では様態の格率「簡潔に述べなさい」がそれぞれ守られな
いということを聞き手に前もって知らせています．そのた
め，これらの表現は**格率緩衝的表現** (maxim hedge) と呼
ばれることもあります．つまり発話の内容が，十分な情報
を与えないものだったり，十分に確証のないことであった
り，これまでの話の流れと関係がなかったり，簡潔でな
かったりする可能性があるということを相手に示している
のです．また緩衝的表現は，格率違反があるということに
加え，その格率違反が含意を伝えるための違反（あからさ
まな格率違反）ではないということも知らせることになり
ます．

ポイント　何らかの理由で格率を守れない場合，緩衝的表現を用いてそのことを聞き手に知らせることができる．

⇒ 発展問題【3】

● 会話の含意の特徴

　これまで見てきた（一般的／特殊化された）会話の含意
にはいくつかの特徴があることが指摘されています．まず
挙げられるのは，**取り消し可能性** (cancellability) という
特徴です．これは適切な表現を補うことによって，通常で
あれば生じるような会話の含意を阻止したり，撤回したり
することができるという性質のことです．

☞ Cancellability

【Q】　次の例では，どのような含意が取り消されているでしょうか？

(12)　She ate some of the cookies. In fact she ate all of them.
　　　（彼女はクッキーを何枚か食べた．実は彼女はすべて食べていた）

(13)　A:　ケーキをもう 1 ついかがですか？

> B:　もうお腹いっぱいです．でもとても美味しいのでいただきます．

【A】　まず（12）の発話の前半部分では，*some*（いくつか）という語が用いられています．そのため，（2）や（4）で見たような量の格率に基づいた一般的会話の含意として，*not all*（すべてではない）と解釈されるでしょう．一方（13）の A の問いかけに対して，B の発話の前半部分の「言われたこと」では，ケーキを食べるかどうか十分な返答をしていませんので，量の格率が無視されています．そのことから聞き手は，「お腹がいっぱいなのでもうケーキはいらない」という特殊化された会話の含意を導くはずです．しかし（12），（13）ともに，その後に続く発話によって，話し手はそれらの会話の含意を取り消すことができています．

| ポイント | 会話の含意は，適切な語句を補うことによって取り消すことができる．

　もう 1 つの特徴は**計算可能性**（calculability）と呼ばれるものです．これは，会話の含意は，なぜそのような含意が生じるのかを論理的に示せるようなものでなければならないというものです．例えば（5）の例で見たように，どのようなプロセスを経てその含意が導かれるのか，論理立てて説明できなければならないのです．

☞ Calculability

| ポイント | 会話の含意は論理的に派生するものでなければならない．

● グライスの語用論の問題点

　これまで見てきたように，グライスは協調の原理と会話の格率に基づいて聞き手は推論を行い，話し手が伝えようとした含意を解釈すると考えています．しかしグライスの分析にはいくつか問題点があることも否めません．

【Q】　グライスの語用論には，どのような問題点が指摘されていますか？

【A】　まず 1 つ目の問題点として，協調の原理や格率の定義の不十分さが挙げられます．特に問題なのは，単に「関

| ポイント | グライスの語用論には，いくつか問題点が指摘されてい

連のあることを言いなさい」とだけしか規定されていない
関係の格率でしょう．その他の格率についても，量の格率
で求められている情報量とはどの程度の量なのか，様態の
格率にある「簡潔」とはどういう基準で簡潔とみなされる
のかなど，厳密に定義されているとは言えません．また格
率の数についても，グライスが提案するように量・質・関
係・様態の4つだけで良いのか，増やすべきか，または
減らせないのかといったことも議論されています．

　含意の解釈についても，特殊化された会話の含意の場
合，本来守られるべき基準であるはずの格率が（表面上だ
としても）破られることを前提にしているというのも疑問
に感じます．そもそも (5) の例で示したような複雑なプ
ロセスを経て，聞き手が意識的に含意を推論しているとは
経験上からも考えにくいのではないでしょうか．

　また前章で見たように，発話の明示的意味である「言わ
れたこと」を把握するためには，言語的に符号化された意
味に，**指示対象付与**（reference assignment）と**一義化**（dis-
ambiguation）という推論作業が必要だとグライスは説明
しています．しかし，何に基づいてそれらを推論するのか
については明確に述べられていません．この点についてグ
ライスは，協調の原理と会話の格率は，含意を推論する際
にだけ機能するものと考えていたようです．さらに，発話
の明示的意味を解釈するためには，指示対象付与と一義化
以上の推論が必要になる場合があることも指摘されていま
す．そういった例については，**関連性理論**（Relevance
Theory）を扱う第7章以降で検討していくことになりま
す．

☞ る.

☞ Reference assign-
ment
☞ Disambiguation

☞ Relevance Theory

● **語用論に対するグライスの貢献**

> **【Q】**　グライスの分析はどのように語用論に貢献し，またそれ以降の語用論
> 研究にどのような影響を与えたのでしょうか？

【A】　確かに上で挙げたような問題点も指摘されています
が，発話の解釈は，単に符号化された情報を把握するだけ
では十分でなく，そこには推論が働いているということを
明らかにしたところに，語用論に対するグライスの大きな
貢献があると言えます．そしてこのグライスの考え方を出
発点にして，発話解釈に関する研究が大きく発展していく
ことになったのです．

　グライスの流れを汲む語用論研究には，**ホーン**（Lau-
rence Horn）や**レヴィンスン**（Stephen Levinson）らが中心
となる**新グライス派の語用論**（Neo-Gricean pragmatics）
と，**スペルベルとウィルスン**（Dan Sperber and Deirdre
Wilson）による関連性理論がありますが，それぞれについ
て詳しくは，この後の章で順に取り上げていくことにしま
す．

> ポイント グライスの
> 語用論は，その後の発
> 話解釈に関する研究の
> 出発点となった．
> ☞ Laurence R. Horn
> ☞ Stephen C. Levinson
> ☞ Neo-Gricean prag-
> matics
> ☞ Dan Sperber and
> Deirdre Wilson

● **発展問題**

【1】　4つの会話の格率それぞれに基づいた一般的会話の含意の例を挙げてみま
しょう．

【2】　4つの会話の格率それぞれに基づいた特殊化された会話の含意の例を挙げ
てみましょう．

【3】　4つの会話の格率それぞれに対応する日・英語の緩衝的表現の例を挙げて
みましょう．

● **参考文献**

Grice, Paul（1989）*Studies in the Way of Words,* Harvard University Press, Cambridge,

MA. ［清塚邦彦（訳）（1998）『論理と会話』勁草書房.］

Huang, Yan (2014) *Pragmatics*, Oxford University Press, Oxford.

Levinson, Stephen C. (1983) *Pragmatics*, Cambridge University Press, Cambridge. ［安井稔・奥田夏子（訳）『英語語用論』研究社.］

Peccei, Jean Stilwell (1999) *Pragmatics*, Routledge, London.

Yule, George (1996) *Pragmatics*, Oxford University Press, Oxford. ［高司正夫（訳）（2000）『ことばと発話状況――語用論への招待』リーベル出版.］

● さらに勉強したい人のための参考文献

Grice, Paul (1989) *Studies in the Way of Words*, Harvard University Press, Cambridge, MA. ［清塚邦彦（訳）（1998）『論理と会話』勁草書房.］（グライスの主要論文を収録した論文集です. 協調の原理や会話の格率に基づいて, 会話の含意がいかに引き出されるかを説明した論文 "Logic and Conversation"（「論理と会話」）も収められています.）

第6章　新グライス派の語用論とポライトネス理論

● グライスの語用論の展開

　本章では，グライス（Paul Grice）の語用論の展開として，新グライス派の語用論（Neo-Gricean pragmatics）とポライトネス（politeness）理論を取り上げていきます．

☞ Herbert Paul Grice
☞ Neo-Gricean pragmatics
☞ Politeness

● 新グライス派の語用論：ホーンの Q 原理と R 原理

　ホーン（Laurence Horn）やレヴィンスン（Stephen Levinson）に代表される新グライス派の研究者たちは，第4章で説明したグライスの会話の格率（conversational maxims）を，より少ない数の原理に再編する方向でグライスの語用論の発展を試みています．そしてホーンは2つの原理を，レヴィンスンは3つの原理を提案しているのですが，どのように会話の格率がまとめられたのでしょうか．ここではホーンが提案する Q 原理（Q-principle）と R 原理（R-principle）という2つの原理と，それらの原理から導き出される含意（implicature）について見ていくことにします．

☞ Laurence R. Horn
☞ Stephen C. Levinson
☞ Conversational maxims

☞ Q-principle
☞ R-principle
☞ Implicature

ポイント ホーンはグライスの会話の格率を Q 原理と R 原理の2つに再編した．

　まずホーンが提案した1つ目の原理である Q 原理は，グライスの会話の格率のうち，量の格率の1つ目の「求められている情報を提供しなさい」と，様態の格率の1つ目の「不明瞭な言い方を避けなさい」と2つ目の「あいまいな言い方を避けなさい」をまとめたもので，次のように定義されています．

Q 原理

　あなたの貢献を十分なものにしなさい：できるだけ多くのことを言いなさい（ただし R 原理を前提として）．

ポイント Q 原理は，できる限り多くの情報を与えるように求めている．

この定義から分かるように，Q 原理は**聞き手**（hearer）に
与える情報を最大限にするように求めています．この Q
原理がかかわる含意の例として（1）のような**発話**（utter-
ance）が挙げられます． ☞ Hearer

☞ Utterance

【Q】 以下の例から，Q 原理に基づいてどういった含意がどのように引き出
されるのか考えてみましょう．

(1) a.　You ate *some* of the cake.（あなたはケーキをいくらか食べた）

(Horn (2004: 10))

　　 b.　It's *possible* she'll win.（彼女が勝つ可能性もある）　　(Horn (2004: 10))

　　 c.　母：　　あんた，いつも宿題を忘れてるそうじゃない．
　　　　太郎：　まあ，<u>時々</u>ね.

【A】　（1a）からは，ケーキを「たくさん／ほとんど／すべ
て食べたわけではない」ということが読み取れます．また
（1b）からは，彼女が勝つことを**話し手**（speaker）はそれ
ほど確信していないように感じられます．（1c）で太郎は，
宿題を「しばしば／いつも忘れているわけではない」とい
うことも伝えているでしょう．それでは，これらの含意が
どのように Q 原理から導かれるのでしょうか．

☞ Speaker

　まず（1）の例で用いられている *some*, *possible*,「時々」
という表現に注目してみましょう．これらの表現は，量・
可能性・頻度を表しますが，その程度によって，それぞれ
（2）の物差しのような尺度上に位置づけることができそう
です．

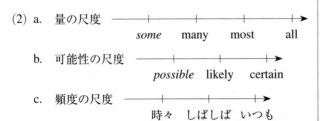

(2) a.　量の尺度
　　　　　　some　many　most　all

　　 b.　可能性の尺度
　　　　　　possible　likely　certain

　　 c.　頻度の尺度
　　　　　　<u>時々</u>　しばしば　いつも

この尺度上の表現は，左から右に進むにつれて，量が増え
たり，可能性や頻度が高くなっていきます．ホーンはこの
ような尺度を **Q 尺度** (Q-scale) と名付けました（ホーン
にちなんでホーン尺度 (Horn-scale) と呼ばれることもあ
ります）.

☞ Q-scale

　例えば (1a) で話し手は，上に挙げた Q 原理に基づく
と，⟨some, many, most, all⟩ という Q 尺度上の表現の中
から *some* を選ぶことで，聞き手に十分な情報を与えてい
るということになります．そこで聞き手は，話し手が食べ
たのは「いくらか」(some) より多いということはないの
だろうと考えて，「たくさん／ほとんど／すべて食べたわ
けではない」と結論づけるのです．言い換えれば，Q 尺度
上のある表現 (some) が用いられると，尺度上でそれより
強い上位の表現の否定 (not many, not most, not all) を
含意しているということになります．同様の説明が (1b,
c) にも当てはまります．つまり，(1b) では *possible* より
も強い *likely* や *certain* の否定が，(1c) の「時々」からは
「しばしば／いつも」の否定が含意として導かれることに
なるのです．このように Q 原理に基づいて引き出される
含意のことを **Q 含意** (Q-implicature) と言いますが，(2)
のような尺度上にある表現が用いられることによって生じ
る含意なので，**尺度含意** (scalar implicature) とも呼ばれ
ます．

ポイント Q 尺度上の
ある表現が用いられる
と，尺度上でそれより
強い上位の表現の否定
を含意することにな
る．

☞ Q-implicature

☞ Scalar implicature

【Q】　以下の例では，どのような Q 尺度が考えられるでしょうか？またど
　のような Q 含意が引き出されるでしょうか？

(3) a.　<u>10 人</u>の学生が試験に合格した.
　　b.　She's *pretty*.（彼女はかわいい）

【A】　ホーンの主張に基づくと，これらの例も Q 含意（尺
度含意）を伝えていることになります．つまり，それぞれ

〈1...5...10...15...20...〉,〈attractive, pretty, beautiful〉といったQ尺度が想定されるのです. そして上で見た例と同様に, 尺度上の表現 X が用いられているなら, Q原理に沿って, 聞き手は「Xより上位ではないだろう」と考えるというわけです. それによって, (3a) からは「試験に合格した学生は10人を超えていない」, (3b) からは「彼女は美しくはない (not beautiful)」という含意が得られることになるのです.

　次に, ホーンが提案したもう1つの原理である R 原理について見ていきましょう. R 原理は, グライスの会話の格率のうち, 関係の格率「関連のあることを言いなさい」, 量の格率の2つ目の「求められている以上の情報を提供してはいけません」, 様態の格率の3つ目の「簡潔に述べなさい」と4つ目の「順序立てて述べなさい」を再編したもので, 次のように定義されています.

R 原理
　あなたの貢献を必要なものにしなさい：言い過ぎてはいけない (ただし Q 原理を前提として).

Q 原理とは対照的に, R 原理は, 言わなければならないことだけを言いなさいというものです. それではこの原理からどのように含意が解釈されるのでしょうか.

ポイント R 原理は, 必要以上の情報を与えないように求めている.

【Q】　以下の例から, R 原理に基づいてどういった含意がどのように引き出されるのか考えてみましょう.

(4) a.　Can you pass the salt?（塩を渡すことができますか？）
　　b.　I broke a finger yesterday.（昨日指の骨を折りました）

【A】　これらの例で話し手は, R 原理に従って最低限必要なことは述べているはずです. そのことから聞き手は, 話し手の言っていること以上の含意を推論して解釈を補うこ

とになります. (4a) は，第 2 章で見た**間接言語行為** (indirect speech act) の例であり，話し手は「塩を取ってください」という「依頼」を行っていると考えられます. つまり「塩を渡すことができますか？」という最小の疑問表現を用いることによって，より情報量の多い「依頼」を伝えているのです. 同様に (4b) でも，話し手は *a finger* とだけしか言っていませんが，この発話から，折れた指が話し手自身のものであるという含意が生じることになります. このように R 原理に基づいて引き出される含意は **R 含意** (R-implicature) と呼ばれます.

☞ Indirect speech act

ポイント R 原 理 に沿って必要なことは述べられているので，ことば以上の含意が生じる.

☞ R-implicature
⇒ **発展問題【1】**

　これまで見てきたように，ホーンはグライスの会話の格率を再編して 2 つの原理を提案していますが，それら 2 つの原理の関係性について，**語用論的分業** (The division of pragmatic labour) という考えを導入して説明しています. ホーンが主張する語用論的分業とは，次のようなものです.

☞ The division of pragmatic labour

語用論的分業
同じ意味領域を持つ 2 つの表現が与えられた場合，比較的有標な表現は，例外的で通常とは異なる意味や状況を表し，比較的無標な表現は，典型的な意味や状況を表していると理解される傾向がある.

　この定義にある**有標（性）** (markedness) と**無標（性）** (unmarkedness) は対をなす概念で，大まかに言えば，有標（性）は「通常とは異なる」といったことを意味します. したがって無標（性）は「通常用いられる」ということになります.

☞ Markedness

【Q】 以下の例 (5) と (6) では，どちらが有標な表現でしょうか？ また Q 原理と R 原理から，(5) と (6) の解釈の違いをどのように説明できるでしょうか.

> (5)　He got the machine to stop.（彼は機械を止めさせた）　　(Horn（2004: 16））
>
> (6)　He stopped the machine.（彼は機械を止めた）　　(Horn（2004: 16））

【A】　2 つの例を比べると，(5) のほうが有標な表現だと言えるでしょう．なぜなら機械を止めたことについて，(6) のように簡潔な *stopped* ではなく，(5) では *got to stop* という表現が用いられているからです．簡潔な言い方ではなく，あえて有標な表現が用いられていることから，(5) からは，コンセントを引き抜くとか，機械の中に靴を投げ入れるなど，通常とは異なる特殊なやり方で機械を止めたという解釈が導かれるでしょう．つまり，上で示した語用論的分業にあるように，有標な表現が用いられた例からは有標な意味が，無標な表現が用いられた例からは無標な意味が導き出されるのです．ホーンはこういった解釈の違いについて，より複雑で冗長な表現 (5) は，Q 原理によって有標な典型的ではない意味に結びつき，より簡潔な表現 (6) は，R 原理によって無標の典型的な意味と結びつけられる傾向があるとしています．

> ポイント　有標な表現が用いられた発話からは有標な意味が，無標な表現が用いられた発話からは無標な意味が導き出される傾向がある．

　ここまでホーンが提案した 2 つの原理について見てきました．新グライス派を代表するもう 1 人の研究者であるレヴィンスンも，ホーンと同様にグライスの会話の格率を再編成し，Q 原理，I 原理 (I-principle)，M 原理 (M-principle) という 3 つの原理にまとめています．レヴィンスンの提案する Q 原理と M 原理はホーンの Q 原理に，I 原理は R 原理にそれぞれほぼ相当します（詳しくは Levinson（2000）を参照してください）．またレヴィンスンは，ブラウンと共に，次に見ていくポライトネス理論を提案したことでも有名です．

> ⇒ 発展問題【2】
>
> ☞ I-principle
> ☞ M-principle

● ブラウンとレヴィンスンのポライトネス理論

　ここからは，どうすれば対人関係を保ちながら円滑にコ

ミュニケーションを取ることができるのかについて，ブラウンとレヴィンスン（Penelope Brown and Stephen Levinson）が提案したポライトネス理論を通して考えていきたいと思います．

　ポライトネス理論の「ポライトネス」という語から，この理論が「丁寧な言葉づかい」や「敬語」といったことを扱ったものだと思われるかもしれません．確かにポライトネス理論では，そういった言語表現も取り上げられています．しかし，ブラウンとレヴィンスンが考えるポライトネスという概念は，丁寧な言葉づかいや敬語だけを指すわけではありません（そのため，この理論での *politeness* の訳語として「丁寧さ」などではなく，カタカナの「ポライトネス」がよく用いられます）．それでは，ブラウンとレヴィンスンがポライトネスをどのように捉えているのか，見ていくことにしましょう．

ポイント ポライトネスという概念は，丁寧な言葉づかいや敬語だけを指すわけではない．

● 2種類のフェイスとフェイス威嚇行為

　ブラウンとレヴィンスンによるポライトネス研究では，社会学者アーヴィング・ゴフマン（Erving Goffman）が提案する**フェイス**（face）という概念を援用し，対人関係上の基本的な欲求として，人間には2種類のフェイスがあると考えています．

☞ Face

　　ポジティブ・フェイス（positive face）
　　他者から認められたい，好かれたい，賞賛されたいという欲求
　　ネガティブ・フェイス（negative face）
　　自分の行動を邪魔されたくない，干渉されたくないという欲求

ポイント フェイスには，ポジティブ・フェイスとネガティブ・フェイスの2つの側面がある．

　当然のことながら，私たちはこれらのフェイスが満たされることを願うわけですが，実際のコミュニケーションではそれらが脅かされる可能性があります．

【Q】　以下の発話は，相手のポジティブ・フェイス，ネガティブ・フェイスのどちらを侵害しているでしょうか？

(7) a. しっかりしないとだめじゃないか．（叱責）
　　b. その考え方は間違っています．（反論）
(8) a. ここから出て行け．（命令）
　　b. もう少し勉強したら．（忠告）

【A】　(7) は，相手に対する否定的な評価を述べているため，聞き手が持つ「他者から認められたい，好かれたい，賞賛されたい」というポジティブ・フェイスを脅かす発話となるでしょう．一方 (8) は，相手に何らかの行動をするように求めていますので，聞き手の「自分の行動を邪魔されたくない，干渉されたくない」というネガティブ・フェイスを脅かすことになります．こういったフェイスを脅かすような言語行動のことを，**フェイス威嚇行為**（またはフェイス侵害行為）(Face Threatening Act; FTA) と呼びますが，対人関係を維持しつつ円滑にコミュニケーションを行うためには，そのフェイス侵害の大きさに応じた補償をすることが必要となるでしょう．ブラウンとレヴィンスンは，そういったフェイス侵害を補償するような発話，言い換えればフェイスに配慮した言語行動のことを「ポライトネス」としています．

　それではある言語行動によるフェイス侵害の大きさは，どのように見積もることができるでしょうか．

> ポイント フェイスを侵害する言語行動をフェイス威嚇行為 (FTA) と呼ぶ．
> ⇒ **発展問題【3】**

> ポイント フェイスに配慮した言語行動のことをポライトネスと言う．

【Q】　フェイス侵害の度合い（大きさ）には，どのような要因が影響を与えるのでしょうか？

【A】　ブラウンとレヴィンスンは，ある言語行動 x のフェイス威嚇の度合い（Wx）を測るために，以下の計算式を

提案しています.

Wx = D (S, H) + P (H, S) + Rx

・D (Distance)：S（話し手）と H（聞き手）の「社会
　的距離」
・P (Power)：H の S に対する「力関係」
・R (Ranking of imposition)：特定の文化におけるあ
　る言語行動 x の「負担度」

社会的距離 D には話し手と聞き手の親密さといったヨコ
の人間関係が,力関係 P には上下関係といったタテの人
間関係がかかわります.例えば,相手と親しい関係になけ
れば D の値が,相手の方が目上であれば P の値がそれぞ
れ大きくなるのです.また負担度 R は文化的な差異も考
慮に入れていることが分かります.これらの3つの要因
を基にして導かれた Wx の値の大きさに応じて,フェイ
スの侵害を補償することが必要になってくるのです.

● フェイスの侵害を補償するためには？

　私たちの日常のコミュニケーションで FTA を完全に避
けて通ることは難しいですが,コミュニケーションを円滑
に行うためには,そういった危険性をなるべく低くした方
がよいでしょう.そのための対策として,ブラウンとレ
ヴィンスンは FTA のレベルに応じた以下の5段階のスト
ラテジー（言語的手段）を提案し,フェイスを侵害する可
能性が高ければ高いほど,番号の大きいストラテジーを選
択するとしています.

ポイント フェイス侵害の度合いは,社会的距離,力関係,負担度の3点から算出される.

ポイント フェイスを侵害する可能性に応じて,5通りのストラテジーがある.

フェイス威嚇の可能性：小
①フェイス威嚇を軽減する措置を取らずあからさ
　まに言う
②ポジティブ・フェイスに配慮した言い方をする
③ネガティブ・フェイスに配慮した言い方をする
④言外にほのめかす
⑤フェイスを脅かす言語行動を起こさない
フェイス威嚇の可能性：大

それではこれらのストラテジーを順に見ていくことにしま
しょう．

● ① フェイス威嚇を軽減する措置を取らずあからさまに
　言う

　まず，フェイス威嚇を軽減する措置を取らずあからさま
に言う場合（bald on record）から見ていきます．

> 【Q】　どのような場合には，あからさまに言ってもよいでしょうか？

【A】　例えば，授業中に隣の席に座っている仲の良い友人
から消しゴムを借りようとする時に，「借りるよ」とだけ
言って借りることがあるでしょう．これは上の計算式から
導かれるフェイス侵害の値が低いため，相手に配慮する必
要がなく，補償なしであからさまに言っても問題がないか
らなのです．

　ブラウンとレヴィンスンは，「あからさまに言う」とい
うストラテジーを，グライスの会話の格率を遵守した話し
方であるとしています．そのため伝達の効率は良くなるか
もしれませんが，ストレートに言いたいことだけを言って
いるので，相手に対する配慮はないことになります．

　一方，フェイス侵害の大きさに関係なく，このストラテ
ジーが取られる場合もあります．以下の例を見てみましょう．

ポイント フェイスを
侵害する可能性が低け
ればあからさまに言っ
てよい．

(9) a.　Help!（助けて！）

　　 b.　Add three cups of flour and stir vigorously.

　　　　（小麦粉 3 カップを加え，しっかり混ぜる）

　　　　　　　　　　　　　　　（Brown and Levinson（1987: 96-97））

（9a）は緊急の場面で助けを求める発話です．例えば海で溺れている時には，助けを求める相手がいくら見知らぬ人であっても，*Help!* のようにストレートに言うでしょう．間違っても，*Please help me, if you would be so kind.*（できればどうか助けてください）のように（丁寧ですが）回りくどい言い方はしないはずです．（9b）は料理のレシピの例ですが，そういった指示説明のように，発話の焦点がその場の作業に向けられている場合にも，あからさまな表現が用いられます．

ポイント 緊急の場合や指示説明の場合はあからさまな言い方をしてよい．

●② ポジティブ・フェイスに配慮した言い方をする

　ブラウンとレヴィンスンは，ポジティブ・フェイスに配慮した言い方を**ポジティブ・ポライトネス**（positive politeness）と呼び，15 の具体的なストラテジーを提案しています．それらのうちのいくつかを，例と共に見ていくことにしましょう．

ポイント ポジティブ・フェイスに配慮するポジティブ・ポライトネスには 15 のストラテジーがある．

【Q】　以下の例は，どのようにポジティブ・フェイスに配慮しているでしょうか？

(10) a.　What a fantástic gárden you have!（なんて素晴らしいお庭をお持ちでしょう！）　　　　　　　　　　（Brown and Levinson（1987: 104））

　　 b.　Come here, mate / honey / buddy.（こっちへおいで, おい／おまえ／きみ）

　　　　　　　　　　　　　　　　　　　（Brown and Levinson（1987: 108））

　　 c.　Let's stop for a bite.（食事休憩をとろうよ）

　　　　　　　　　　　　　　　　　　　（Brown and Levinson（1987: 127））

　　 d.　<u>言いたいことは分かるけど</u>，その意見には賛成できないな．

【A】　これらの例は，必ずしもフェイスの侵害を補償する
ものばかりではありませんが，いずれも「他者から認めら
れたい，好かれたい，賞賛されたい」というポジティブ・
フェイスに配慮した発話となっています．まず（10a）で
は「聞き手への興味，賛意，共感を誇張せよ」というスト
ラテジーが取られています．相手の庭が素晴らしいという
ことを *fantastic* と *garden* に強勢を置くことによって強調
しているのです．それによって相手の「他者から認められ
たい」といった欲求を満たそうとしていると考えられます．
（10b）には「仲間内であることを示す標識を用いよ」とい
うストラテジーがかかわります．この例では相手との親し
さを表す *mate / honey / buddy* という呼びかけ表現が用いら
れていますが，その他にもグループ内でしか通じないよう
な仲間内語やスラングなどの使用がこのストラテジーの例
として挙げられるでしょう．そういったことばを用いるこ
とで相手との距離を縮めることができるのです．（10c）は
「話し手と聞き手の両者を行動に含めよ」というストラテ
ジーの例です．ここでは包含的な *we* が用いられた *Let's*
という表現によって，話し手と聞き手が同じ活動に協力的
にかかわっているということを示しています．最後に
（10d）は「不一致を避けよ」というストラテジーの例です．
「言いたいことは分かる」と前置きすることで，ストレー
トに反対するのではなく，相手に一応の同感を示していま
す．それによって，その後に続く発話によるポジティブ・
フェイスの侵害を軽減しようとしているのです．

⇒ 発展問題【4】

● ③ ネガティブ・フェイスに配慮した言い方をする

　ブラウンとレヴィンスンは，ネガティブ・フェイスに配
慮した言い方を**ネガティブ・ポライトネス**（negative po-
liteness）と呼び，10 の具体的なストラテジーを提案して
います．以下の例で，どのようにネガティブ・フェイスの
侵害が補償されているのか見ていきましょう．

ポイント ネガティブ・
フェイスに配慮するネ
ガティブ・ポライトネ
スには 10 のストラテ
ジーがある．

【Q】 以下の例は，どのようにネガティブ・フェイスに配慮しているでしょうか？

(11) a. <u>ほんの少しだけ</u>で構いませんので，お手伝いをお願いできますか.

 b. 何卒，お力添えを賜りたく存じます.

 c. I don't imagine / suppose there'd be any chance / possibility / hope of you … （あなたに … していただくことができるとは思いませんが）

(Brown and Levinson (1987: 174))

 d. I'm sorry to bother you … （お手数をおかけして申し訳ありませんが …）

(Brown and Levinson (1987: 189))

 e. Passengers will please refrain from flushing toilets on the train.

（お客様には車内でトイレの水をお流しになりませんようお願いいたします）

(Brown and Levinson (1987: 206))

【A】 これらの発話では，いずれも「自分の行動を邪魔されたくない，干渉されたくない」という相手のネガティブ・フェイスに配慮がされています．まず (11a) は「負担を最小化せよ」というストラテジーが取られた例です．このストラテジーでの「負担」とは，上で挙げた計算式の Rx（特定の文化におけるある言語行動 x の負担度）を指します．この例では「ほんの少しだけ」と言うことによって，相手にかかる負担が，さほど大きなものではないということを強調しているのです．英語でも I *just* want to ask you if … (… かどうか<u>ちょっと</u>伺いたいのですが) での *just* などが同様の例として挙げられています．(11b) は敬語の例で，「敬意を示せ」というストラテジーがかかわります．敬意を表すことによって，話し手が相手に強制する立場にないということを明らかにしているのです．英語では *sir* などの敬称の使用がこのストラテジーの例に当たるでしょう．(11c) では「悲観的であれ」というストラテジーが取られています．このストラテジーでは，悲観的な表現を用いることによって，相手が断りやすいように配慮している

のです．日本語にも「〜してもらいたいんだけど<u>無理か</u>
<u>な？</u>」といったような同様の言い方があります．(11d) は
sorry ということばが使われている通り，「謝罪せよ」とい
うストラテジーの発話です．謝罪をすることによって話し
手自身が相手のネガティブ・フェイスを侵害することを望
んでいないということを示しているのです．最後に（11e）
は「FTA を一般的規則として述べよ」というストラテジー
の例です．このストラテジーは，その FTA が話し手の意
図によるものではなく，一般的なルールであったり，そう
せざるを得ない状況にあるということを表して，相手への
押しつけを軽減しようとするものです．

⇒ 発展問題【5】

● ④ 言外にほのめかす

　ここで見ていくストラテジーは，明示的にことばで言う
のではなく，暗にほのめかす（off-record）というやり方
で，前章で見たグライスの語用論での含意に基づいたもの
です．このストラテジーを用いた発話では，話し手の意図
が明示されませんので，ほのめかした内容が相手に気づか
れないという危険性も伴います．その点でこのストラテ
ジーは，①の「あからさまに言う」というストラテジーの
対極にあると言えるでしょう．

ポイント　言外にほの
めかすストラテジー
は，グライスの語用論
での含意に基づく．

【Q】　以下の例で，話し手はどのようなことをほのめかしているでしょうか？

(12) a.　この部屋，寒いですね．

　　 b.　A:　この髪型どうかな？

　　　　 B:　<u>いいんじゃない</u>.

　　 c.　John's a real genius.（after John has just done twenty stupid things
　　　　 in a row）

　　　　 （（ジョンが 20 件も愚かなことを立て続けにした直後に）ジョンは本当に天
　　　　 才だね）　　　　　　　　　　　　　　　（Brown and Levinson (1987: 222)）

　　 d.　Perhaps someone did something naughty.

（誰かが何かいけないことをしたのかもしれませんね）

(Brown and Levinson (1987: 226))

【A】　まず (12a) は「ヒントを与えよ」というストラテジーの例です．この発話で話し手が「窓を閉めて」という依頼を相手に伝えようとしているとしましょう．そうするとこの話し手は，窓を閉めてもらいたい理由を述べることで相手にヒントを与え，間接的に依頼を行っていることになります．(12b) の B の発話では，「控え目に言え」というストラテジーが取られています．B は控え目に「いいんじゃない」とだけ言うことで，実は「特にいいとは思っていない」といった否定的な評価をしていると考えられます．このように，あえて控え目な表現を用いる**修辞的表現** (figurative speech) は，**緩徐法** (understatement) と呼ばれます．(12c) で話し手は事実とは反対のことを述べています．つまり，話し手は相手を非難するために誉めているのであり，言っていることと逆の意味をほのめかしているのです．こういった修辞的技法を**アイロニー** (irony) と言います．よってこの例のストラテジーは「アイロニーを使え」ということになります（アイロニーについて詳しくは第9章で検討します）．最後の (12d) では「あいまいに言え」というストラテジーが取られた例で，誰がどのようなことをしたのかをわざと明言せず，直接的に批判することを避けているのです．

　ここで挙げた例をグライスの会話の格率との関連から見ると，(12a) は関係の格率，(12b) は量の格率，(12c) は質の格率，(12d) は様態の格率を無視することで含意を伝えていると考えられます．いずれの例も話し手の意図を明示的に述べないことによって，フェイスの侵害を軽減しようとしているわけですが，(12c, d) の例のように，暗にほのめかすことで，かえって嫌味に聞こえてしまう場合もあ

☞ Figurative speech

☞ Understatement

☞ Irony

るように感じられます.

●⑤ フェイスを脅かす言語行動を起こさない

　最後に取り上げるのは「言語行動を起こさない」という
ストラテジーです. もし自分が起こそうとする言語行動の
フェイス威嚇の可能性が高すぎるということが分かってい
るのであれば, その行動自体を起こさない, つまり, 言う
のをやめるという選択肢もあるということをこのストラテ
ジーは示しています.

● ポライトネス理論への批判

　ポライトネス理論には批判がないわけではありません.
今井 (2015) を例として挙げましょう.

> ポライトネスは他人のためにドアを抑えてやったり,
> 人前でおくびをこらえる等々, さまざまな行為に分け
> 持たれていることで, そのうち発話行為に関係するこ
> とが, 語用論過程というモジュールに属するというと
> いうことは考えにくい. そもそもポライトネスという
> ものは, 伝達されるものであるということが甚だ疑わ
> しい. これについて今井 (2000) は次のように述べて
> いる.
>> Brown and Levinson (1987) などに代表される考え
>> 方に従うと, 丁寧表現が使われるたびにそこには丁
>> 寧さが伝達されることになるが, これはおかしい.
>> Jary (1998) その他の人々も指摘する通り, 対話者
>> はほとんどの場合お互いが使っている丁寧表現を意
>> 識しないからだ. 次の対話を本誌編集者と筆者の間
>> で交わされたものだと考えてほしい.
>> 編「...といったことについてお書き戴けないかと
>> 　　思ってお電話差し上げたのですが」
>> 今「成る程. 面白いテーマですね. お引き受けしま

ポイント フェイスを
侵害する可能性が高け
れば, 言うのをやめる
という選択肢もある.

　しょう」

　どちらにも丁寧表現が使われているが，筆者には特
に相手に丁寧さを伝達するつもりはなかったし，相
手も同じだったはずだ．だが，もし編集者に「畏れ
多いことながら玉稿を賜りたく，伏してお願い奉り
ます」と言われたら，筆者は一体この人はどうし
ちゃったんだろうと訝（いぶか）ったに違いないし，筆者が
「ふむ．面白え（しれ）．書いてやらあ」と応じたなら相手
は当惑と不快を覚えた筈だ．丁寧表現は，それが過
剰だったり過小だったときに初めて相手に意識され
るのである．なぜか？

　人は誰しも自分自身を含めた世界に関するさまざま
な想定（≒考え）を持っている．その想定の中でそ
の人がある時点で思い浮かべられるものをその人の
その時点での認知環境と呼ぼう．認知環境の中には
当然，対話の相手と自分との間にある力関係，距離
その他に関する想定が含まれる．さらに，多くの場
合は相手がこちらをどのように位置づけているかに
ついての想定も含まれている．（中略）すでに認知
環境の中に存在している想定は（中略）関連性を持
たない．（中略）自分が相手の頭の中でどう位置づ
けられているかに関する想定に矛盾しない話し方を
相手がしている限り，相手の話し方や話の内容の丁
寧度・エチケット遵守度は，関連性がないため，意
識されない．ところがこの想定に矛盾する話し方－
馬鹿丁寧だったり乱暴な言葉遣いだったり－をされ
れば，それは認知環境を変化させることだから，関
連性を持ち，したがって聞き手の注意を惹くことに
なる．このように，相手の想定に矛盾する話し方を
話し手が意識的に行ったときのみ，丁寧さ（の過
剰・過小）は真の意味で伝達されるのだ．(pp. 35-
36)　　　　　　　　　　　　　（今井 (2015: 128-130)）

ブラウンとレヴィンソンが行っているように，ことばに関
するポライトネスを語用論の中で扱おうとする試みには，
批判もないわけではないことを一応指摘しておきます．

● 発展問題

【1】 ホーンの Q 原理と R 原理がかかわる例を挙げて，どういった含意がどの
ように生じるか考えてみましょう．

【2】 本文中の (4a) の例と，Do you have the ability to pass the salt?（塩を渡す能
力を持っていますか？）という発話の違いを，Q 原理と R 原理，語用論的分業
の観点から考えてみましょう．

【3】 ポジティブ・フェイス，ネガティブ・フェイスそれぞれを侵害する例を考
えてみましょう．

【4】 Brown and Levinson (1987) を参照し，日本語のポジティブ・ポライトネ
スの例を考えてみましょう．

【5】 Brown and Levinson (1987) を参照し，日本語のネガティブ・ポライトネ
スの例を考えてみましょう．

● 参考文献

Brown, Penelope and Stephen C. Levinson (1987) *Politeness: Some Universals in Lan-
guage Usage*, Cambridge University Press, Cambridge.［田中典子（監訳），斉藤早
智子・津留崎毅・鶴田庸子・山下早代子（訳）(2011)『ポライトネス──言語使
用における，ある普遍現象』研究社.］

福田一雄 (2013)『対人関係の言語学──ポライトネスからの眺め』開拓社.

Grice, Paul (1989) *Studies in the Way of Words,* Harvard University Press, Cambridge,
MA.［清塚邦彦（訳）(1998)『論理と会話』勁草書房.］

Horn, Laurence R. (1984) "Toward a New Taxonomy for Pragmatic Inference: Q-based
and R-based Implicature," *Meaning, Form, and Use in Context: Linguistic Applica-
tions*, ed. by D. Schiffrin, 11–42, Georgetown University Press, Washington, D.C.

Horn, Laurence R. (2001) *A Natural History of Negation*, CSLI Publications, Stanford.
［河上誓作（監訳），濱本秀樹・吉村あき子・加藤泰彦（訳）(2018)『否定の博物
誌』ひつじ書房.］

Horn, Laurence R. (2004) "Implicature," *The Handbook of Pragmatics*, ed. by L. R. Horn and G. Ward, 3–28, Blackwell, Oxford.

今井邦彦 (2000)「ユーモアとエチケットの狭間」『言語』第 29 巻第 4 号，34–39.

今井邦彦 (2015)『言語理論としての語用論――入門から総論まで』開拓社.

Jary, Mark (1998) "Relevance Theory and the Communication of Politeness," *Journal of Pragmatics* 30, 1–19.

加藤泰彦 (2019)『ホーン『否定の博物誌』の論理』ひつじ書房.

Levinson, Stephen C. (2000) *Presumptive Meaning: The Theory of Generalized Conversational Implicature*, MIT Press, Cambridge, MA.［田中廣明・五十嵐海理（訳）(2007)『意味の推定――新グライス学派の語用論』研究社.］

滝浦真人 (2008)『ポライトネス入門』研究社.

● さらに勉強したい人のための参考文献

Horn, Laurence R. (2001) *A Natural History of Negation*, CSLI Publications, Stanford. ［河上誓作（監訳），濱本秀樹・吉村あき子・加藤泰彦（訳）(2018)『否定の博物誌』ひつじ書房.］（ホーンによる否定研究の集大成です．本章で見た Q 原理，R 原理，語用論的分業についても取り上げられています.）

Brown, Penelope and Stephen C. Levinson (1987) *Politeness: Some Universals in Language Usage*, Cambridge University Press, Cambridge.［田中典子（監訳），斉藤早智子・津留崎毅・鶴田庸子・山下早代子（訳）(2011)『ポライトネス――言語使用における，ある普遍現象』研究社.］（ブラウンとレヴィンソンによるポライトネス理論の基礎となる研究書です．英語だけでなく，ツェルタル語やタミル語の例も検討されています.）

第7章　関連性理論 (1) ── 関連性の原理と解釈の手順

● どのような情報に目をむけるのだろうか？

(1) A：　別にたいした話じゃないんだけど，言語学の
　　　　　先生，B君と同じ東北出身なんだって.

　　B：　えっそうなの！　東京出身かと思ってた. それ
　　　　　じゃ今度聞いてみるね.

相手と良好な関係を保ちたいという社会的な面も関係しま
すが，「たいした話じゃないんだけど」と言われて，「それ
じゃ，いいや」と話も聞かずに立ち去る人は少ないのでは
ないでしょうか？　上の例でも，Bは相手の言ったことに
驚きと関心を示しています. 私たちは，相手の話し方や話
の内容から，「あの人は東京の人じゃないか」とか「関西
出身だろう」などのように，漠然とその人の出身地を予想
することがあります. 例えばある人について「あの人は愛
媛出身だよ」と言われて，「やっぱりね」と自分の予想が
確信に変わったりすることもあるでしょうし，「え〜そう
なの」と自分の予想に反することを知らされ，驚いたりす
ることもあると思います. あるいは，本人に大阪出身だと
聞かされていた場合には，「違うよ. 愛媛じゃなくて大阪
だよ」などと相手の言ったことを否定することもあるかも
しれません. このように，たとえ「たいした話じゃないん
だけど」とか「つまらない話なんだけど」と言われても，
相手に話しかけられると，私たちは自動的に相手のことば
に注意を払ってしまいます. 話の内容によっては，「聞く
んじゃなかった」，「時間の無駄だった」などと，がっかり
させられることもあるかもしれません. しかし，話しかけ
られれば，思わず無意識に相手の方を向いて話に耳を傾け

てしまうのではないでしょうか？

　私たちは無数の情報に囲まれて生活をしています．電車の中ならば，たくさんの乗客がいますし，その会話も聞こえてくるでしょう．また，電子版も含め様々な広告もあります．目を引くものもあれば，全く気づかないものもあるでしょう．車内アナウンスも流れてきます．緊急停止信号を受信して列車が止まったときなどは，車掌の説明が気になるでしょうし，いつも流れてくる停車駅に関する情報に対しては，むしろうるさいと感じるようなこともあるかもしれません．この無数の情報の中で，私たちはどのような情報に注意を払うのでしょうか？例えば学校に行くために電車に乗っているとします．車内には，芸能界の話をしている人もいますし，「ルーヴル美術館は…」などと芸術の話をしている人もいます．また，座席に座りながら眠そうにあくびをしている人の様子も目に入ってきます．さらには，いつも通学時に聞く「次は池袋です．左側のドアが開きます」という車内放送も流れてきます．このような状況で，隣にいる人があなたに目配せをしながら，洋服のポケットを指差して，「スマホが落ちそうですよ」と教えてくれたとしたらどうでしょうか？

【Q】　以上のような状況で，次の中で真っ先に注意を向ける情報はどれでしょうか？また，その答えとほかの選択肢との違いは何でしょうか？

(2) a.　芸能界についての会話
　　 b.　ルーブル美術館についての会話
　　 c.　あくびをしている人の様子
　　 d.　聞きなれた車内放送
　　 e.　スマホについて教えてくれた隣の人のことば

【A】　たとえ芸能界や美術に強い興味を持った人でも，直接自分に向けられたことば，つまり（2e）に反射的に注目

し，即座に自分のポケットを見るはずです．それでは，
(2e) とほかの選択肢との違いは何でしょうか？ まず (2e)
では，話し手が目配せをしながらあなたのポケットを指差
している点に注目してみましょう．このような仕草はあな
たに何か伝えたい情報があることを示す合図です．私たち
は，このような仕草から，何か自分にとって重要な情報が
あることを期待します．実際，目配せをした後に，この話
し手はスマホが落ちそうなことをあなたに教えてくれてい
ます．つまり，話し手が，スマホについて伝えようという
意図を持ち，その意図を明示している点が (2a)，(2b)，
(2c) とは異なっています．(2a)，(2b)，(2c) では，あな
たに直接情報を伝えようという意図がないという点に着目
してみましょう．それでは，(2d) との違いは何でしょう
か？ この車内放送も到着駅と扉についての情報を伝えよ
うとしています．この放送があなただけでなく，乗客一般
に向けられているという点も関係あるかもしませんが，一
番の違いは，「聞きなれた」情報であるという点です．つ
まり，この情報は，既知の情報であるという点が異なって
います．

> **ポイント** 話し手は何かを伝えようという意図を持っている．この意図については，後で詳しく見ていくことにしましょう．

　以上のように，私たちは無数の情報の中から，意識する
こともなく，自分にとって重要な情報を選択します．話し
かけられたら，瞬時にそちらに振り向いたり，遠くから手
を振られれば，自然とそちらに目を向けたりするように，
誰から教わったわけでもなく，私たちは自然と自分に向け
られた情報に注目し，その解釈を行っているのです．

● 関連性のある情報とはどんな情報だろう？

　私たちは自分にとって重要な情報に注目する，と日常的
な表現を使って説明しましたが，**関連性理論** (Relevance
Theory) では，私たちが注意を払うような情報のことを関
連性のある情報と呼んでいます．関連性理論とは，1980
年代に**スペルベル** (Dan Sperber) と**ウィルスン** (Deirdre

☞ Relevance theory

☞ Dan Sperber and
Deirdre Wilson

Wilson）が提唱した理論で，私たちがどのような情報をどのように解釈しているのかを明確に示してくれます．それではこの関連性理論の考え方に基づきながら，私たちがどのような情報に注目するのかという点について，もう少し詳しく見ていきましょう．

まずは，どのような情報が関連性のある情報と言えるのか考えてみることから始めてみましょう．例えば朝起きた時に雨の降っているような音が聞こえるといった状況を思い浮かべてください．そのような状況で窓をあけて手を出してみると，雨粒が手に当たるのを感じたとします．このような場合「雨が降っているんじゃないかな」という考えが強まることになります．関連性理論では頭に思い浮かべることのできる考えを想定と呼び，上のような場合を弱い想定が「強化される」と考えます．

次に雨が降っているんじゃないかなと思って窓を開けてみると，隣の神社にある椎の木から，木の葉や実が落ちて，屋根に当たってちょうど雨の降るような音を立てていたことに気づいたとします．このような場合は，「なんだ雨じゃなかったんだ」というように，雨じゃないかなという前に持っていた想定が「廃棄される」ことになります．

また，友達と釣りに行く計画を立てていますが，雨が降っていたら釣りは中止にしようと決めていたとします．このような**コンテクスト**（context）で，朝起きて雨が降っ　　　☞ Context
ていることを知ったとしたらどうなるでしょうか？　コンテクストということばは一般的にも使われますが，関連性理論では次のような意味で用いられます．

(3)　聞き手の頭のなかにあり，**発話**（utterance）の解釈　　☞ Utterance
　　　に当たって推論の前提となる想定．

さて，以上のようなコンテクストで，雨が降っているという情報が入ってくると，頭のなかで次のような推論が行われることになります．

(4) 雨が降っていたら釣りは中止にする（前提 1）

雨が降っている（前提 2）

∴釣りは中止にする（結論）

「雨が降っていたら釣りは中止にする」というコンテクストを用いて推論が行われていますが，もし解釈の時点で頭に思い浮かべることができなければコンテクストとはなりません．つまり，約束をした時点では覚えていても，朝になったらすっかり忘れていたとしたら，上の想定はコンテクストにはならないのです．このように，解釈時に想起できる想定をコンテクストとして用いて，そのコンテクストと相手の発話などから得られた情報に基づいて新しい結論を導き出すことによっても関連性は達成されます．このようにして得られた結論は**コンテクスト的含意**（contextual implication）と呼ばれます．上の例では「釣りは中止にする」という結論がこれに当たりますが，このコンテクスト的含意を一般化した言い方でまとめると次のようになります．

(5) 聞き手が持っているコンテクストだけからも，また相手の発話だけからも得られず，コンテクストと相手の発話を前提とした推論から初めて得られる想定

【Q】 以上の通り，ある情報が受け手にとって関連性があると言えるのには 3 つの場合がありますが，その 3 つをまとめてみましょう．

【A】 関連性を持つ 3 つの場合をまとめると以下のようになります．

ポイント 認知効果には 3 つの種類がある.

(6) a. その人自身にとって確信が持てなかった想定（≒考え）がその情報によって確信へと変わる（強化される）場合

b. その人の想定が間違っていたことがその情報に

　　　よって明らかになったため，その想定を廃棄す
　　　る場合
　c.　その情報がコンテクスト的含意を持つ場合

私たちは自分が持っている想定を増やし，不確かな想定は
確実なものとし，間違った想定を持っていることが分かれ
ば，それを正しい新しい想定と置き換えることを常に願っ
ています．ある人が頭に浮かべることのできる想定の総和
をその人の**認知環境**（cognitive environment）と呼ぶなら
ば，私たちは常に自分の認知環境が改善されることを願っ
ているのです．そして，認知環境を改善するような作用を
認知効果（cognitive effect）と呼ぶならば，(6) で挙げた
関連性がある場合とは，つまりこの認知効果を持つ場合の
ことなのです．

　すでに述べましたように，私たちは頭の中に様々な想定を
持っていて，その想定を増やし，不確かな想定を確実なも
のとし，もし想定が間違っていることが分かれば，その想
定を取り除くことによって，認知環境が改善されることを
常に願っています．したがって，「日本の首都は東京です」
といった誰でも知っているような事実を伝えても，認知環
境の改善にはつながりません．また，効果という概念は相
対的なもので，小さいものよりも，大きいもののほうが関
連性は高くなります．例えば，単に「今年の花火大会は中
止です」と言うよりも，「予算不足のため，今年の花火大
会は中止です」ともう少し詳しく説明したほうが，中止の
理由も伝えることになるので，より大きな効果を与えるこ
とになります．また，「予算不足の場合は，夏祭りも縮小
されることになる」というコンテクストを持っていれば，
「夏祭りも縮小される」という結論も得ることができます．
このように確かに効果が大きければ，大きいほど関連性は
高くなるのですが，人間は発話解釈にかかる労力を最小限
に抑えて，効率的に効果を得ようとするという点にも着目

☞ Cognitive environment

☞ Cognitive effects
⇒ **発展問題【1】**

する必要があります．つまり，私たちは，できるだけ楽を
して必要な情報を手に入れようとするのです．例えば，靴
を買いに行く友達に頼まれて，一緒に靴屋に行った場面を
想像してみてください．気に入った靴も見つかり，試着し
てみようということになったとします．友人のサイズはど
のくらいだろうと思いながら，その友人に「ところでいく
つなの？」と聞いたとします．そこでその友人が次のよう
に答えたとしたらどうでしょう？

(7)　今年の二十歳の誕生日にケーキとご馳走を食べすぎ
　　　て，そのあと体重が落ちなくなって，80 キロになっ
　　　ちゃって，ウェストも体重とおそろいの 80 センチ．
　　　とはいっても，足のサイズは相変わらず，26 セン
　　　チだけどね．

もし足のサイズの情報だけを求めているのならば，「26 セ
ンチだよ」という情報だけで充分です．それ以外の年齢や
体重，腹囲などについての情報は余分な情報となるため，
その分解釈に労力がかかることになります．要するに同じ
効果が得られるのですから，「26 センチだよ」という端的
な答えの方が関連性は高くなるのです．このように，私た
ちは，できるだけ高い効果の得られるような情報を，不必
要なコストを払うことなしに，できるだけ楽な方法で手に
入れようとするのです．

● 関連性の原理について考えてみよう
　観天望気ということばがありますが，私たちは経験に
よって天気を予想することがあります．例えば，湿度が高
くなると羽が重くなり飛んでいる虫が低い位置を飛び，そ
こをねらってツバメも低く飛ぶと言われています．つま
り，この湿度の高さを示すと言われるツバメの行動から雨
を予想するということは昔から行われてきました．また，
暑い日に急速に積乱雲が発生し，黒く空を覆い始め，おま

ポイント 関連性には
認知効果と処理労力と
のバランスが関係す
る．

けに冷たい風も吹いてきたら，「これは一雨来るな」と天
気の急変を予想することもできるでしょう．

　自然現象に限らず，春先にしきりにくしゃみをしている
人を見れば，「花粉症だな」と想像がつきますし，腹が
「グーッ」と鳴っているのを聞けば，「おなかがすいてるん
だな」ということが分かります．このように様々な情報が
周りを取り巻いていて，私たちはそういった情報に無意識
に注目しながら，解釈を行います．しかし，自分に危険が
迫っているというような緊急の状況を除けば，このような
様々な情報の中でも，特に私たちの注意をひくのは自分に
向けられたことばではないでしょうか？　例えば，向こう
から来る人が突然，足元に落ちたハンカチを指さして，
「それ落ちましたよ」と言ったとしたらどうなるでしょ
う？　もちろんほかのあらゆる情報に優先して，瞬時にそ
の人が指さす方に目を向け，相手の言ったことばの意味を
解釈するはずです．仮に足元には，葉っぱやゴミなども落
ちていて，すぐ近くにはネコやハトもいたとします．これ
らの情報の中から，悩むこともなく，「それ」が聞き手で
ある自分がポケットに入れていた「ハンカチ」であること，
また落ちた時間についても，5 年前でも，前日でも，10
分前でもなく，相手が上のような発話をする直前であると
いった情報を瞬時に読み取るはずです．

　このように私たちは周りにある様々な情報の中から自分
にとって重要な，つまり関連性の高い情報（＝刺激）に目
を向け，瞬時に解釈を行います．これは，経験によって習
得した技能ではなく，私たちが生まれつき持っている能力
なのです．私たちは，この能力によって，とりわけ自分に
向けられた発話を最優先して解釈することができるように
なっています．例えば空腹時に胃腸が収縮し「グーッ」と
鳴ったり，体温や肌表面の温度が上がった時に体温調節の
ために汗が出たりするのと同様に，意識的にではなく自動
的に発話の解釈をするようにできているのです．ちょうど

空腹時の音にミュート機能がついていないように，また
「今日は暑いけど，汗の量は半分にしておこう」といった
発汗量の調節機能も持ち合わせていないように，私たちは
自分に向けられた発話の解釈を意図的にやめることはでき
ません．誰かが自分に話しかけてくれば，私たちは瞬時
に，そして自動的に解釈をするようにできているのです．
このような自動的かつ機械的に行われる行為は，意識的に
行われる行為と区別して，「亜人格的（sub-personal）」で
あると言われています．

ポイント 発話解釈は
亜人格的なものであ
る.

　私たちは認知環境の改善につながるような認知効果を
持った情報を，できるだけ多く，しかもできるだけコスト
を払わずに手に入れようとするということについてはすで
にふれました．言い換えれば，人間は常に関連性の高い情
報を意識することなく迅速に解釈しようとする存在なので
す．この点を原理としてまとめたものが，次の「関連性原
理 I」となります．

(8)　**関連性原理 I（認知的関連性原理**（cognitive princi-
ple of relevance））

　人間の認知は関連性を最大にするように働く性質を
持つ.

(Human cognition tends to be geared towards the
maximization of relevance.)

(Sperber and Wilson (1995: 260))

☞ Cognitive Principle
of Relevance

認知とは，分かりやすく言えば「様々な想定を持っている
状態，想定を増加・改善させたいという欲求，想定を増
加・改善する場合の頭の働き」のことで，(8) は人間の認
知一般に当てはまる原理なのです．

　すでに見てきたように，私たちは，ツバメが低く飛ぶ様
子，急速に発達する積乱雲，春先のくしゃみ，空腹時の
「グーッ」という音，ハンカチが落ちたことを知らせる発
話など，様々な情報源から認知効果を受け取ります．しか

し，関連性理論が扱う認知効果は，伝達を通して得られる
ものに限定されます．つまり，上で挙げた例の中で伝達と
呼べるのは，ハンカチが落ちたのを知らせる「それ落ちま
したよ」という発話だけということになります．それでは
ここで，ほかの例との違いについて考えてみることにしま
しょう．もちろん，ここでキーワードとなるのは意図とい
うことばです．例えば，空腹時に「グーッ」と鳴って恥ず
かしい思いをしたことのある人は多いと思います．静かな
ところで音を立てること自体が恥ずかしいのかもしれませ
んが，空腹であることを知られたくないから恥ずかしく感
じるとも言えるでしょう．むしろ「鳴ってくれるな，鳴っ
てくれるな」と思うようなときもあるかもしれません．そ
のような状況では，空腹であることを相手に伝えようとす
る意図はありません．アレルギー反応からくるくしゃみに
ついても同じことが言えます．体が無意識に花粉に反応し
て，くしゃみをしているだけで，相手にアレルギーである
ことを知らせる意図はありません．もちろんツバメの例も
同じで，ツバメにはこれから雨になることを伝えようとす
る意図はありません．これに対して，相手に何かを知らせ
たいという意図のことを**情報的意図**（informative inten-
tion）と呼び，伝達にはこの情報的意図が含まれます．

☞ Informative inten-
tion

　ただし，情報的意図がありさえすれば，伝達になるとい
うことではありません．例えば，数学の苦手な中学生数一
が期末試験で 82 点を取ったとします．初めて 80 点を超
えて，本人はうれしくてたまりません．できれば母親にも
見せて自慢をしたいところですが，満点を取ったならまだ
しも，手放しで喜ぶには微妙な点数でもあり，気恥ずかし
さが先行して，自分でテストを見せにいく気にはなれませ
ん．そこで，朝学校に出かける寸前に，数学の教科書には
み出るようにはさんで，いかにも時間がなくて玄関先に置
いていったというふうに，テストを教科書とともに置いて
いくことにしました．こうしておけば，点数を気にしてい

た母親が勝手に開けて見る可能性は高いですし，もし見な
くてもそれはそれでしょうがないと考えます．ただし，格
好悪いので自分が意図的に置いていったということだけは
知られたくありません．果たして，母親は一見無造作にお
いてある教科書の中から目ざとくテストを見つけ，勝手に
開けて，小さく「すごいじゃない！」と喜びの声を上げま
す．見事目的は達成されましたが，同時に伝達も成功した
と考えられるでしょうか？ もうお気づきのことと思いま
すが，関連性理論では，このような例を伝達とはみなして
いません．それでは，何が欠けているのか考えてみてくだ
さい．まず，数一はテストの点数を母親に見せて自慢した
いという気持ちは持っています．つまり，情報的意図は
持っているのです．しかし，あくまで母親が勝手に点数を
見ることを期待し，自分で点数を見せるつもりはありませ
ん．つまり，点数を見せて自慢したいとは思ってはいるの
ですが，そのような意図を母親に悟られることは避けたい
と考えています．相手に何かを知らせたいという情報的意
図を持っていることを相手に知らせようという意図を**伝達
的意図** (communicative intention) と呼びますが，上の例
では，まさにこの伝達的意図が欠けているのです．

☞ Communicative intention

　情報的意図と伝達的意図は，それぞれ次のように定義さ
れます．

(9) **情報的意図**： ある想定の集合 I を，聞き手にとっ
て顕在的に，あるいはより顕在的にすること．

(*Informative intention*: To make manifest or more
manifest to the audience a set of assumptions I.)

(Sperber and Wilson (1995: 58))

(10) **伝達的意図**： 話し手が，なんらかの情報的意図を
持っていることを，話し手・聞き手双方にとって顕
在的にすること．

(*Communicative intention*: to make it mutually man-

ifest to audience and communicator that the commu-
nicator has this informative intention.)

(Sperber and Wilson (1995: 61))　　　⇒ 発展問題【2】

顕在的ということばを簡単に言い換えれば，想定を頭の中
に思い浮かべることができる状態ということで，(11) の
ように定義することができます．

(11)　もし，ある個人が，ある時点で，ある事実を自分の
　　　　頭の中で表示でき，かつ，その表示が真実である，
　　　　あるいはおそらく真実であるとして受け入れること
　　　　ができるなら，そしてその場合に限り，その事実
　　　　は，その個人にとり，その時点で顕在的である．
　　　　(A fact is *manifest* to an individual at a given time if
　　　　and only if he is capable at that time of representing
　　　　it mentally and accepting its representation as true or
　　　　probably true.)　　　　(Sperber and Wilson (1995: 39))

この顕在的という概念を用いれば，認知環境も次のように
定義することができます．

(12)　ある個人の認知環境とは，その個人にとって顕在的
　　　　な事実の集合である．
　　　　(A *cognitive environment* of an individual is a set of
　　　　facts that are manifest to him.)　　　　(ibid.)

顕在的という概念は，**知識** (knowledge) ほど厳密なもの
ではないため，「〜じゃないかな」といった不確かなもの
も含まれます．また，相対的な概念でもあり，「より顕在
的」といった程度の差も生じます．例えば，今雨が降って
いる事実を意識していなくても顕在的となりえますし，音
を聞いて「雨かな」と思えば，より顕在的になります．そ
して，誰かに「雨がふってるよ」と言われれば，さらに顕
在的となるでしょう．

さて，これまで単に伝達ということばを用いてきました
が，もっと正確な言い方をすれば，前述の情報的意図と伝
達的意図に基づいて行われる伝達のことを**意図明示的伝達**
(ostensive communication) と呼ぶことができます．つま
り，意図明示的伝達では，「私があなたに伝えようとして
いることには関連性がありますよ．だから注目してくださ
いね」ということを相手に伝えていることになります．も
ちろん，すでに見てきたように，関連性があるということ
は，不必要なコストを払わずに，大きな認知効果が得られ
るということです．

　それでは，次の点について考えてみましょう．

ポイント　意図明示的
伝達は情報的意図と伝
達的意図に基づく.

【Q】　すべての発話が最大の関連性を持つのでしょうか？

【A】　私たちは，できるだけ苦労せずに，大きな認知効果
を得ることを期待しますが，実際には発話が最大の関連性
を持っているとは限りません．生まれつき話下手だった
り，相手の予備知識を読み損ねて，かえって分かりにくい
説明をしてしまったりと，話し手の能力の問題もありま
す．また，私たちは，その場の状況から，慎重な物言い
や，堅苦しい形式ばった話し方もしますし，相手にショッ
クを与えることを恐れて，話の内容を全部伝えることを差
し控えたり，遠回しな言い方をしたりなど，ことばを選ん
で話すこともあります．このような話し手の能力とことば
の選択の問題から，かならずしも最大の関連性を相手に伝
えられるとは限りません．

　とは言っても，相手にこちらの発話に注目してもらはな
ければ困りますので，発話の処理・解釈をする気にさせる
ために，関連性があるのは当然だといったような顔をして
いなければなりません．そこで，次のような**最適の関連性
の当然視** (presumption of optimal relevance) という定義

☞ Presumption of opti-
mal relevance

が生まれてきます.

(13) a.　意図明示的刺激は, 受け手がそれをプロセス (処
　　　　理・解釈) する努力を払うに値するだけの関連
　　　　性を持っている.
　　　　(The ostensive stimulus is relevant enough for it
　　　　to be worth the addressee's effort to process it.)
　　 b.　意図明示的刺激は, 送り手の能力と選択が許す
　　　　範囲内で最も高い関連性を持つ
　　　　(The ostensive stimulus is the most relevant one
　　　　compatible with the communicator's abilities and
　　　　preferences.)

　　　　　　　　　　　(Sperber and Wilson (1995: 270))

繰り返しになりますが, 発話を中心とした意図明示的刺激
は, 最大の関連性ではなく, 話し手の選択と能力が許す範
囲内で最適の関連性を持つことになります. つまり, 発話
をすること自体, 「私の話を聞けば, 解釈に不必要な労力
をかけることなく, 関連性のある情報が得られますよ」と
いうことを伝えていることになるのです. それを表したも
のが, 次の**関連性原理 II** (**伝達的関連性原理**: **communi-
cative principle of relevance**) なのです.

☞ Communicative Prin-
ciple of Relevance

(14)　すべての意図明示的伝達行為は, それ自身が最適な
　　　関連性を持つことを当然視している旨を伝達してい
　　　る.
　　　(Every act of ostensive communication communi-
　　　cates a presumption of its own optimal relevance.)

　　　　　　　　　　　(Sperber and Wilson (1995: 260))

この原理は, 関連性原理 I に根差したもので, 人間の認知
一般が関連性原理 I のような性質を持っていることから,
関連性原理 II に示されるような意図明示的伝達を行うの
です. 聞き手は, 関連性原理 II に基づいて, 意図明示的

ポイント 関連性原理
II は関連性原理 I に
根差している.
⇒ **発展問題【3】**

伝達に接した瞬間に，無意識的に発話解釈のための推論を
開始します．具体的な解釈については，次に示す手続きに
沿って進められることになります．

(15)　**関連性理論による解釈の手順** (Relevance-theoretic
　　　Comprehension Procedure)

　　　a.　明意を得るための推論，つまり「発展」，と暗意
　　　　　を得るための推論を，接近可能な順序で行い（つ
　　　　　まり，認知効果を計算する上の努力が最小にな
　　　　　るような道をたどり），

　　　b.　予測された関連性のレベルに達したら解釈を打
　　　　　ちきる．

　　　　　　　　　　　　　　(Carston (2002: 143) 参照)

☞ Relevance-theoretic
comprehension proce-
dure

明意や暗意，発展といった概念については次章で詳しく説
明しますので，ここでは話し手が伝えようとしている意味
とそのプロセスと考えておくことにしましょう．(15) の
手順を簡単に説明すると，聞き手は，相手が伝えようとし
ている意味を最も労力のかからないような方法で推論し，
予測された関連性のレベルに達した段階，つまりその努力
に見合うだけの十分な認知効果が得られた段階で，その解
釈を終了するということになります．次章では，明意や暗
意とはどのようなものなのか，またそれらがどのように解
釈されるのかといったことについて，詳しく見ていくこと
にしましょう．

● 発展問題

【1】　認知効果を持つ 3 つの場合について，それぞれ発話の例を考えてみよう．

【2】　情報的意図のない場合と情報的意図はあるが伝達的意図がない場合の例
　　　を，それぞれ考えてみよう．

【3】　関連性原理 I と関連性原理 II についてまとめてみよう．

● 参考文献

今井邦彦（編），井門亮・岡田聡宏・松崎由貴・古牧久典・新井恭子（訳）（2009）『最新語用論入門 12 章』大修館書店.

今井邦彦（2001）『語用論への招待』大修館書店.

今井邦彦（2015）『言語理論としての語用論──入門から総論まで』開拓社.

Allott, Nicholas (2010) *Key Terms in Pragmatics*, Continuum, London. ［今井邦彦（監訳），岡田聡宏・井門亮・松崎由貴・古牧久典（訳）（2014）『語用論キーターム事典』開拓社.］

Carston, Robyn (2002) *Thoughts and Utterances: The Pragmatics of Explicit Communication, Blackwell,* Oxford. ［内田聖二ほか（訳）（2008）『思考と発話──明示的伝達の語用論』研究社.］

Sperber, Dan and Deirdre Wilson (1986, 1995^2) *Relevance: Communication and Cognition, Blackwell*, Oxford. ［内田聖二ほか（訳）（1993, 1999^2）関連性理論──伝達と認知」研究社.］

● さらに勉強したい人のための参考文献

今井邦彦（2015）『言語理論としての語用論──入門から総論まで』開拓社.（関連性理論の考え方を分かりやすく紹介するとともに，言語行為理論・グライス理論・新グライス派・認知言語学といった理論に対して批判的検討を行い，それらの理論と関連性理論との差異を明らかにしている.）

Clark Billy (2013) *Relevance Theory*, Cambridge University Press, Cambridge.（関連性理論全般について書かれており，関連性の原理・明意・暗意といった関連性理論の根本的概念から最近の理論的発展に至るまで説明されている.）

第8章　関連性理論 (2) ──明意と暗意

● 語用論的過程が発話の意味を決定する

(1) Let him have it.

この文はいったいどんな意味を表すと思いますか？　もちろん，him が誰を指し，it が何を指すのかを明らかにする必要があります．しかし，それだけではありません．動詞の have にも「持っている／病気にかかる／食べる」など様々な意味があります．また，have it には「銃で撃たれる」という成句としての用法もあり，Let him have it. で「奴に銃をぶっ放せ」なんて物騒な意味も表します．ですから，どんなに文を眺めてみても，このようなことを決定しなければ，話し手が意図している**発話**（utterance）の意味にたどり着くことはありません．語用論過程を通さずに，発話を解釈することはできないのです．実は，この Let him have it. という表現は，イギリスの裁判史に大きな傷を残したある事件と関係があるのですが，まずは，そのことからお話しすることにしましょう． ☞ Utterance

　1952年ロンドン南郊のクロイドンという街で，当時19歳のデリク・ベントリーと16歳のクリストファー・クレイグは，押し込み強盗に入ろうとしていました．しかし，それを目撃した近所の住民から通報があり，警察官が駆けつけてきました．ベントリーは抵抗をやめ，相棒のクレイグに（真偽のほどは分かりませんが）Let him have it. と叫んだと言われています．その後撃ち合いとなり，クレイグの銃弾かどうかは分かりませんが，結果として1人の警官が亡くなってしまいました．冒頭でもふれましたが，この文は多義的で「その警官に銃を渡せ」と「その警官を撃

99

て」という 2 つの解釈が可能です．事実，被告弁護人が前者の解釈の可能性を指摘しましたが，裁判官は後者のほうだと決めつけ，殺人を精神的にほう助した罪により，年齢の関係でベントリーのみが絞首刑に処せられてしまいました．イギリスでは現在死刑制度は廃止されていますが，この事件の影響があったとも言われています．

　この裁判には，ほかにも問題があったようで，ベントリーが実際にこう叫んだのかも疑わしいようです．偽証だったとも言われていますが，Let him have it. には，人間の人生を左右するほどの，相反する解釈が可能だということが，お分かりになると思います．この例に限らず，文には，指示詞やあいまいな語など，意味的に不確定な要素が数多く含まれているため，文の表す意味だけでは，話し手が伝えようとする発話の意味を決定することはできないのです．

ポイント 発話の意味を解釈するには語用論的過程が必要.

● 明意とはなんだろう？

> 【Q】　次の文はどのような点であいまいか考えてみよう．
> (2) a.　しんぷがきれいだ．
>   b.　戸塚先生はかていを大切にする．
>   c.　藤沢さんはすごい速さで走っているおばあさんを追いかけた．

【A】　(2a) は，「新婦」がきれいというのが一般的な解釈でしょうが，「神父」がきれいだと言っていることだって考えられます．(2b) では，「家庭／過程／仮定／課程／下底」のいずれを意味しているのか，コンテキストに照らして考える必要があります．(2c) は文のレベルのあいまい性で，「藤沢さんがすごい速さでおばあさんを追いかけた」のか「おばあさんがすごい速さで走っている」のか分かりません．

　このようにあいまいな発話に接したたとき，聞き手は意図された意味を決定しなくてはなりません．そのような語用論的過程を**あいまい性除去**（disambiguation）と呼びます（一義化と訳されることもあります）．Let him have it. のところでもふれましたが，あいまい性除去に加えて，him や it が何を指すのか指示対象を明らかにする必要もあります．このように，him や it，「あの日，私はあそこにいた」のような指示詞を明らかにするような過程を**飽和**（saturation）と呼んでいます．

☞ Disambiguation

☞ Saturation

【Q】　次の文で，語用論的にどのような要素を補わなくてはならないのか考えてみよう．

(3) a.　もう済ませました．
　　b.　上野さんは若すぎる．
　　c.　地下鉄のほうが早いよ．
　　d.　500 円あれば十分だよ．

【A】　(3a) では，「昼食を」済ませたなどのように，何を済ませたのかを明らかにする必要があります．(3b) では，例えば 70 歳の上野さんは「老人クラブの会長になるには」若すぎるといったように，何に対して若すぎるのかを決定しなくてはなりません．(3c) では，「タクシーで行くより」や「バスで行くより」などの要素を補う必要があります．(3d) では，「学食でランチを食べるには」など，何をするのに十分なのかを明らかにする必要があります．

　以上のように空所に必要な意味を補うような過程も飽和に含まれます．あいまい性除去も飽和も，ともに**関連性による解釈の手順**（Relevabce-theiretic Comprehension Procedure）に従って決定されます（詳細については，第 7 章を参照のこと）．

　それでは次の発話解釈の過程を理解するために，**アド**

☞ Relevabce-theiretic Comprehension Procedure
⇒ 発展問題【1】

ホック概念（ad hoc concept）と呼ばれる概念について考えてみることにしましょう.

☞ Ad hoc concept

(4) a.　よく見ると小川に魚がいるよ.（メダカなどの小魚）
　　 b.　お祭りで魚を 2 匹すくった.（金魚などの魚）
　　 c.　池の魚に餌をあげて.（鯉などの魚）
　　 d.　利根川に行けば，魚が遡上するところが見られるよ（サケなどの川を遡上する習性のある魚）
　　 e.　秋は魚がおいしい季節です.（サンマなどの魚）
　　 f.　ウミガメが魚に襲われた.（サメなどの肉食の魚）

上の例では，すべて同じ魚という語が含まれていますが，メダカのような小魚からサメなどの肉食の大型魚に至るまで，様々な意味で使われています. 例えば，「犬」とか「猿」といった語は，特定の種の動物を表す記号です. また，「歩く」とか「走る」といった語も特定の種の行為を表す記号です. それぞれの語には，記号としての符号化された概念がありますが，多くの場合，符号化された概念をそのまま使うことはありません. 上の例のように，符号化された概念をそのまま使うのではなく，**コンテクスト**（context）に応じて概念を変化させて用いることが多いのです.

☞ Context

【Q】　次の例では，下線部の語の概念がどのように特定化されて解釈されるのか考えてみよう.

(5) a.　大学の教員はよく<u>飲む</u>
　　 b.　お<u>金</u>があれば，ロンドン大学に留学したいんだけど.
　　 c.　今日は<u>熱</u>があります.

【A】　(5a) では，誰でも何らかの液体を飲むことは当たり前のことなので，このような自明な意味を伝えているとは考えられません. ここでは，アルコール飲料を飲むという意味に特定化されています. (5b) では，少額の金額で

はなく，何百万円といった留学に必要なかなりの金額を表すまで概念が特定化されています．(5c) では，誰でも熱はありますので，そのような自明なことを伝えているのではありません．ここでは，平熱より高い熱という意味に概念が特定化されています．

　このように概念を特定化して解釈する語用論過程を**語彙的縮小** (lexical narrowing)，もしくは単に**縮小** (narrowing) と呼びます．語彙的縮小は，アドホック概念の一種で，関連性の期待が満たされるところまで符号化された概念を縮小するため，縮小の結果作られた概念は，以下のように，符号化された概念の部分集合となります．

☞ Narrowing

ポイント 符号化された概念を特定化して解釈する語用論的過程を語彙的縮小と呼ぶ．

(6)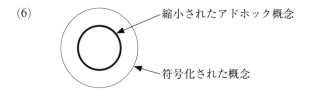
縮小されたアドホック概念
符号化された概念

アドホックとは「その場その場」という意味で，コンテクストに応じてその場限りの意味として構築される概念です．関連性理論では，アドホック概念を表すのに，TEMPERATURE* のように，概念を大文字で書き，* を右肩に付けるのを慣例としています．日本語では，「飲む*」「金*」「熱*」のように，概念を「　」に入れて，右肩に * を付けることにしましょう．

　アドホック概念にはもう 1 つの種類があり，それは**語彙的拡張** (lexical broadening)，あるいは単に**拡張** (broadening) と呼ばれています．次の例を見てみましょう．

☞ Broadening

【Q】　(7a) 以外は，すべて概念が拡張されています．どのような拡張が行われているのか考えてみよう．

(7) a.　四角い黒板

　　 b.　四角い車

c.　四角い顔

d.　四角い頭

【A】　四角いとは，厳密には，4つの頂点を持ち4つの線分に囲まれた平面図形を指す概念ですが，**文字通りの意味** (literal meaning) として使われているのは，(7a) だけです．(7b) では，横から見ても，車には曲線もあり車輪もあるため，ワンボックスやトラックのような車でも厳密には四角ではありません．ここでは，文字通りの意味からわずかに拡張された**近似表現** (approximation) として使われています．例えば，午後5時57分に時間を聞かれて，「6時です」と答えたり，2,980円の商品の値段を聞かれて，「3,000円です」と答えたりするように，近似表現では，わずかな拡張が行われるため，文字通りの意味に近い意味が伝達されます．(7c) では，人間の顔には，曲線や凹凸もある上，顎や耳もあるため，近似表現よりもさらに拡張が行われており，レトリックで言う**誇張法** (hyperbole) となっています．(7d) では，融通の利かない，まじめな考え方や性格を指しており，物理的な形態を指しているのではありません．したがって，考え方や性格を表す心理的な意味として使われているため，いわゆるメタファー (metaphor) となっており，他の表現よりもさらに概念が拡張されています．

☞ Metaphor

　以上の通り，同じ表現でもコンテクストによって様々な概念が伝達されます．拡張の度合いは発話によって異なりますが，このように符号化された概念を広げて解釈する語用論的過程を語彙的拡張と呼びます．これを図示すると以下のようになります．

ポイント　符号化された概念を広げて解釈する語用論的過程を語彙的拡張と呼ぶ．

(8)

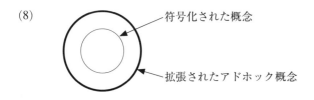

符号化された概念

拡張されたアドホック概念

ポイント　アドホック概念には，語彙的縮小と語彙的拡張がある．

> **【Q】**　それでは，ここで問題です．十分に火が通っていないステーキについて，次のように言ったとします．この場合のアドホック概念について説明してみよう．
>
> (9)　This steak is raw.（このステーキ生だよ）

【A】　raw には「全く加熱されていない」という厳密な意味がありますが，ここでは十分に加熱されていない，調理が不十分だという意味を表すまで概念の拡張が行われています．ほぼ空に近い状態のボトルを指して，This bottle is empty.（このボトル空だよ）と言う場合も同様で，empty には「中に何もない」という厳密な意味がありますが，その概念が拡張され，空に近い状態を指すのに使われています．拡張の度合いにもよりますが，どちらの例も近似表現と言えるでしょう．

　次に日本語の語彙的拡張の例を見てみましょう．

(10)　a.　違うよ．こっちの鶴が群馬で，右側は栃木だよ．
　　　b.　原始，女性は実に太陽であった … 今，女性は月である．

(10a) は，友達と2人で地図を見ていて，友達が間違えて栃木を指して群馬と言ったという状況で，この発話を考えてみてください．群馬は地図上の形が鶴に似ていることから，ここでは，鶴の概念が地理的形状を表すまで拡張されて使われています．(10b) は『青鞜』からの引用ですが，符号化された概念「太陽」と「月」によって接近可能となった，「中心である，自ら光を発する」などや「従属する，

自ら光を発しない」などの**百科事典的情報** (encyclopaedic information) をそれぞれ用いて解釈が行われています．なお，太陽や月に関するこれらの情報は，物理的な概念から人間の性質を含む心理的な概念にまで拡張が行われていると考えられます．これらの情報を通して，人間の性質を含むまで拡張されたアドホック概念「太陽*」と「月*」がそれぞれ作られることになります．なお，百科事典的情報とは概念上のアドレスに蓄えられている情報を指し，その語自体を特定するのに決定的な情報や，その語が例示する物体・出来事・特性に関する様々な情報が含まれていると考えられています．簡単に言えば，記憶の中にある，その語やその語が例示するものに関する一般的な情報・知識のことです．

⇒ 発展問題【2】

☞ Free enrichment

　次に**自由補強** (free enrichment) と呼ばれる語用論過程について説明したいと思います．自由補強は言語形式から自由だという意味で，こう呼ばれています．例えば，(3) で見た「若すぎる」とか「ほうが早い」という表現でさえ，「何に対して」若すぎるのか，「何と比べて」早いのかという要素を必要とするので，言語形式に縛られていると言えます．これに対して自由補強では，言語形式に縛られることなく，純粋に語用論的推論によって解釈が行われます．

【Q】　次の発話の解釈で，どのような要素が補われるか考えてみよう．なお，(11c) については，聞き手が転んでできた傷を見て，話し手が言ったとします．

(11) a.　Tom and Mary went up the hill.
　　　　　（トムとメアリーは丘を登った）

　　 b.　Jack got a driver's license and became a taxi driver.
　　　　　（ジャックは運転免許を取得して，タクシーの運転手になった）

　　 c.　You're not going to die.（死にはしないよ）

【A】　これらの例には，それぞれ次のような要素が補われ
ます．

(12) a. Tom and Mary went up the hill [*together*].

　　　　（トムとメアリーは［一緒に］丘を登った）

　　　b. Jack got a driver's license and [*then*] became a
　　　　taxi driver.（ジャックは運転免許を取得して，［その
　　　　後で］タクシーの運転手になった）

　　　c. You're not going to die [*from that cut*].

　　　　（［そんな傷じゃ］死にはしないよ）

(12a) では，「一緒に」という要素が補われていますが，
「一緒に」という言語形式は登るという言語形式に必須の
要素ではありません．(12b) では，免許を取得したのが先
でタクシーの運転手になったのはその後だということを表
しています．これも and という言語形式がこのような意
味を含む多義語だからではありません．語用論的な推論が
行われるため，このような意味が得られるのです．(12c)
も，「そんな傷で」という要素が補われていますが，死ぬ
という語は原因を表す要素を伴うような言語形式ではあり
ません．これも語用論的推論によって得られた意味です．
以上のように，自由補強は，言語形式に縛られることな
く，純粋に関連性を得ようとする推論から意味を補おうと
する語用論過程であると言えるでしょう．

　あいまい性除去・飽和・アドホック概念構築・自由補強
について説明してきましたが，これら4つの語用論過程
を合わせて**発展**（development）と呼びます．この発展の
過程を通して，真か偽かを確かめることのできる言語形
式，つまり**命題**（proposition）にまで語用論的な肉付けが
行われます．こうして得られた命題を**表出命題**（the prop-
osition expressed）と呼び，表出命題とその明示性は次の
ように定義されることになります．

［ポイント］自由補強で
は，言語形式に縛られ
ずに，関連性を得よう
とする推論から意味が
補われる．

☞ Proposition

(13)　発話 U によって伝達される想定は，もしそれが U
　　　によってコード化された論理形式を発展 (develop)
　　　させた想定の集合の部分集合であれば，そしてその
　　　場合に限り，「発話によって表出された命題」であ
　　　り，「発話によって表出された命題」は明示的 (ex-
　　　plicit) である．明示的に伝達された想定を「明意」
　　　と呼ぶ．

　　　(An assumption communicated by an utterance U is
　　　explicit if and only if it is a development of a logical
　　　form encoded by U. We will call an explicitly com-
　　　municated assumption an *explicature*.)

　　　　　　　　　　　　　　　　　　（今井 (2015: 35) 参照）

論理形式は，ここでは言語形式と考えて差し支えありませ
ん．表出命題のうち意図的に伝達されるものを**明意**(expli-
cature) と呼び，表出命題と明意を区別することにしま
しょう．それは，表出命題は多くの場合明意となるのです
が，そうならない場合があるからなのです．例えば，隣人
A が，自分の飼っている愛犬ポメラニアンについて，「か
わいくて，とってもおとなしいワンちゃんなのよ」と自慢
した直後に，その犬が吠えだし，突然 B に襲い掛かって
きたとします．このような状況で B が次のように言った
としたらどうなるでしょう？

☞ Explicature

(14)　B:　本当にとってもおとなしくて，かわいいワン
　　　　　　ちゃんね！

この場合，B は隣人 A のことばをそのまま繰り返しただ
けで，それは B が伝えたいことではありません．おとな
しくて，かわいいどころか，しつけのできていない気性の
激しい犬だと考えている B が伝えたいと思っていること
は，この犬がおとなしくて，かわいいワンちゃんなどと考
えることはとんでもない思い違いだということなのです．

これは，いわゆる**アイロニー** (Irony) と言われるものですが，このような例の場合，表出命題が明意となることはありません．表出命題は，意図明示的に伝達された場合のみ明意となるのです．

● 暗意とはなんだろう？

　発話の言語形式を発展させた明示的な想定が明意ですが，これとは対照的に非明示的に伝達される想定のことを**暗意** (implicature) と呼びます．自由補強は，言語形式に縛られるものではありませんが，言語形式を語用論的に発展させたものであることに変わりはありません．これに対して暗意は，発話の言語形式とコンテクストに基づく推論のみから得られるもので，発話の言語形式とは全く異なる言語形式が使われることになります．それでは次の例を見てみましょう．

(15)　A:　ワンちゃんかネコちゃん飼ってる？
　　　 B:　実は，動物アレルギーなんだ．

ここでは，A の問いに対して，B は犬か猫を飼っているとも飼っていないとも言ってません．それでも B の伝えたいことは理解できるはずです．それは，聞き手の A が次のような推論をするからです．

(16)　B は動物アレルギーである．
　　　 動物アレルギーの場合，その人は犬も猫も飼うことできない．
　　　 ∴ B は犬も猫も飼うことができない．

この推論の 1 行目と 2・3 行目が前提で，4 行目が結論となっています．1 行目は発話の内容です．2・3 行目はそこから推論される前提で，**暗意された前提** (implicated premise) と呼ばれます．4 行目は前提から導き出される結論で，**暗意された結論** (implicated conclusion) と呼ばれ

ます．暗意された前提も暗意された結論も，ともに暗意と
なります．

　それでは，もう 1 つ別の例を見てみましょう．

(17)　A:　これから渋谷に行かない？
　　　B:　ごめん．騒々しい街には行きたくない．

この場合では，以下のような推論が行われると考えられま
す．

(18)　B は騒々しい街には行きたくない．
　　　B は渋谷を騒々しい街だとみなしている．
　　　∴ B は渋谷には行きたくない．

この場合では，1 行目は発話そのもので，2 行目は 1 行目
の発話から推論される前提で，暗意された前提となりま
す．そして，3 行目が暗意された結論です．このような言
い方は，一見回りくどいようにも見えますが，同時に行き
たくない理由も伝えていますので，効果の面で関連性に貢
献していると言えるでしょう．また，さらに推論を続け
て，B は新宿や池袋にも行きたくないと考えるかもしれ
ないとか，目白のような静かな街なら行くかもしれない，
などの結論も導き出すかもしれません．暗意には強弱があ
り，(16) や (18) の暗意された前提と暗意された結論の
ように，発話を理解するためには，必ず推論しなくてはな
らない，中心的な暗意を**強い暗意**（strong implicature）と
呼びます．また，「目白なら行くだろう」のように，聞き
手の責任において推論されるような暗意を**弱い暗意**（weak
implicature）と呼びます．暗意の強弱は相対的なもので，
「新宿や池袋にも行かないだろう」のような暗意は，比較
的強い暗意ではありますが，(16) や (18) の暗意と比べ
ると弱くなってしまいます．弱い暗意は果てしなく推論さ
れるものではなく，関連性の期待が満たされたところで解
釈は打ち切られます．なお，implicature というのはグラ

☞ Strong implicature

☞ Weak implicature
ポイント 暗意には強
い暗意と弱い暗意があ
る．
⇒ **発展問題【3】**

イス（P. Grice）の造語で，本書では，グライスおよび新
グライス派の用語としての implicature には「含意」とい
う訳を当て，訳し分けています．これは，明意は，グライ
スおよび新グライス派が用いる implicature に相当するも
のを含み，暗意は，グライスおよび新グライス派の impli-
cature 以上のものを含んでいるからです．

　最後に，明意と暗意を含んだ発話の解釈がどのように行
われるかについて説明をして，この章を締めくくりたいと
思います．発話解釈は，言語形式の発展から始まって明意
を得て，次に暗意の解釈に移るといったようなものではあ
りません．第 7 章の最後に示した通り，関連性理論によ
る解釈の手順に従って行われます．こうした発話解釈で
は，明意と暗意の間を行ったり来たりすることもあります
し，暗意のほうが先で明意が後になるということもありま
す．関連性理論では，このような解釈の過程を**相互調整**
（mutual adjustment）と呼んでいます．それでは，電話で
大塚君が友達の田端君をプールに誘っているというコンテ
クストで，次の会話について考えてみることにしましょ
う．

(19)　大塚：　ねえ，これからプールに行かない？
　　　田端：　悪いけど，今，熱があるんだ．

発話解釈は，相手の発話が終わらないうちに開始されるの
で，この場合では，断りのことばである「悪いけど」を聞
いた瞬間に，「平熱より高い熱」を表すアドホック概念
「熱*」と「田端はプールには行けない」という暗意の接近
可能性が高まる可能性があります．相互調整により，暗意
を手掛かりに明意を求めることも考えられますし，アド
ホック概念の解釈が先行することも考えられます．また，
明意と暗意の解釈が並行して行われる可能性もあるでしょ
う．いずれにせよ，大塚君は田端君の発話を聞いた瞬間
に，プールに行けるのかどうかについての答えを期待しな

がら解釈を開始します．暗意のレベルでは，次のような推
論から暗意された結論が導き出されます．

(20)　田端君は，「熱*」がある．
　　　<u>人は「熱*」がある場合，プールには行けない</u>
　　　∴田端君は，プールには行けない

また，明意のレベルでは，アドホック概念構築を含む発展
を通して，次のような明意が解釈されると考えられます．

(21)　発話の時点で，田端君は「熱*」がある．

その結果として，田端君は「熱*」があるため一緒にプー
ルに行くことはできない，という全体的な解釈が得られる
ことになります．

　繰り返しになりますが，この発話解釈は以上のような順
序で行われるわけではなく，明意と暗意のいずれかの解釈
が先行したり，両者を行ったり来たりしたり．一部並行し
て行われたりします．このような発話解釈は，これまで見
てきものと同様に，関連性による解釈の手順に従って．発
話処理にかかる努力が最小となるような道をたどりながら
進められます．そして，予測された関連性のレベルに達し
た段階で，その解釈は打ち切られることになります．

● 発展問題

【1】　あいまい性除去と飽和の例をそれぞれ考えて，説明してみよう．

【2】　語彙的縮小と語彙的拡張の例をそれぞれ考えて，説明してみよう．

【3】　強い暗意と弱い暗意が得られるような例を考えて，説明してみよう

● 参考文献

今井邦彦（編），井門亮・岡田聡宏・松崎由貴・古牧久典・新井恭子（訳）（2009）『最
　　新語用論入門 12 章』大修館書店．

今井邦彦 (2001)『語用論への招待』大修館書店.

今井邦彦 (2015)『言語理論としての語用論——入門から総論まで』開拓社.

Allott, Nicholas (2010) *Key Terms in Pragmatics*, Continuum, London.［今井邦彦（監訳），岡田聡宏・井門亮・松崎由貴・古牧久典（訳）(2014)『語用論キーターム事典』開拓社.］

Sperber, Dan and Deirdre Wilson (1986, 1995^2) *Relevance: Communication and Cognition*, Blackwell, Oxford.［内田聖二ほか（訳）(1993, 1999^2)『関連性理論——伝達と認知』研究社.］

● さらに勉強したい人のための参考文献

今井邦彦 (2015)『言語理論としての語用論——入門から総論まで』開拓社.（関連性理論の考え方を分かりやすく紹介するとともに，言語行為理論・グライス理論・新グライス派・認知言語学といった理論に対して批判的検討を行い，それらの理論と関連性理論との差異を明らかにしている.）

Clark Billy (2013) *Relevance Theory*, Cambridge University Press, Cambridge.（関連性理論全般について書かれており，関連性の原理・明意・暗意といった関連性理論の根本的概念から最近の理論的発展に至るまで説明されている.）

第9章 関連性理論 (3) ── 語彙語用論と亜人格性・心の理論・モジュール

● グライスのアプローチ

最近，マッサージ関連で「肩甲骨をはがす」という表現をよく耳にしますが，この表現を聞いて「そんな残酷な」と青ざめる人はいないでしょう．これは本当に肩甲骨をはがすのではなく，周りの筋肉をほぐして肩甲骨の可動域を広げるという意味で使われています．第8章では，このような概念の**拡張** (broadening) を含む**発展** (development) の過程を通して，語の符号化された概念とは異なる概念が伝達されるという点について詳しく説明しました．このように語彙的レベルに着目しながら，**コンテクスト** (context) に応じてどのような意味が伝達されるのかということを研究する分野を**語彙語用論** (lexical pragmatics) と呼びますが，本章では**メタファー** (metaphor) や**アイロニー** (irony) などのレトリックを中心に，この語彙語用論について考えてみたいと思います．それではまず，これまでのレトリック分析の中心とも言える**グライス** (Paul Grice) のアプローチから見ていくことにしましょう．

協調の原理 (Co-operative Principle; CP) と会話の格率 (conversational maxims) については，第4・5章で詳しく説明しましたが，グライスは，「真でないと自分が知っていることを言ってはならない」という質の格率の1つ目の項目にあからさまに違反することによって，メタファーやアイロニーなどのレトリックが解釈されると説明しています．例えば，次の (1) と (2) を見てみましょう．

(1) Tom is a computer. (トムはコンピュータだ)

☞ Broadening

☞ Context

☞ Metaphor

☞ Irony

☞ Herbert Paul Grice

☞ The Cooperative Principle

ポイント グライスのアプローチでは，メタファーやアイロニーなどのレトリックは質の格率への違反としてとらえられている．

(2)　（土砂降りの状況で）It's a lovely day for a picnic.

（ピクニック日和だね）

(1) はメタファーの例ですが，トムはコンピュータではありませんから，間違ったこと，つまり偽となることを言っていることになり，質の格率に違反しています．(2) はアイロニーの例ですが，土砂降りの中での**発話** (utterance) ですので，これも偽となり質の格率に違反しています．グライスによると，聞き手は，この質の違反を認識した際に，話し手があるレベルで協調的であろうとしていると考えて，それぞれ次のような含意を推論するということになります．

☞ Utterance

(3)　Tom is like a computer.

（トムはコンピュータのようだ）

(4)　It's not a lovely day for a picnic.

（ピクニック日和どころではない）

例えば，泥酔している人に対して「ちょっと飲みすぎのようだね」と控えめに言う緩徐法 (understatement) や「君は天才だ」などのように大げさにものを言う誇張法 (hyperbole) も，同じように解釈され，「かなり飲みすぎだ」というより強められた意味と，「君はとても頭が良い」というより弱められた意味が，それぞれ含意されると説明しています．

☞ Understatement
☞ Hyperbole

　グライスのアプローチでは，これらのレトリック表現は，質の格率の1つ目の項目への違反を通して，すべて同じように解釈され，それぞれ異なる含意が得られると説明しています．

【Q】　さて，ここでグライスの分析法には，どのような疑問点や問題点があるのか考えてみよう．

【A】　グライスは，偽となる発話を通して，メタファーでは直喩（simile）を，アイロニーでは反対の意味を，緩徐法では強められた意味を，誇張法では弱められた意味を，それぞれ含意として伝えると説明しています．このような考え方に対して，まず，なぜわざわざ偽となることを言う必要があるのかという疑問が生じます．例えばメタファーで，「～のようだ」という意味を伝えたいのなら，初めから直喩を使って「トムはコンピュータのようだ」などと言ったほうが早いのではないでしょうか？　アイロニーの場合も同様に，反対の意味を伝えたいのならば，そのような回りくどい言い方をしないで，直接「ピクニック日和どころではない」などと言ったほうが早いのではないでしょうか？　次に，聞き手はメタファー・アイロニー・緩徐法・誇張法などのレトリック表現に応じて，それぞれの含意をどのように推論するのかという疑問が生じます．例えば，直喩・反対の意味・より強い意味・より弱い意味のいずれかを推論するという判断は，いつどのように行えばよいのでしょうか？　また，メタファーに限って言えば，「彼は鬼などではない」などの否定文は偽とはなりませんし，「鬼になれ」，「彼は鬼なのだろうか？」などの命令文，疑問文は偽であるとの判断ができませんので，質の格率には違反しないことになります．質の格率の違反を含まないような例をどのように説明するのかという疑問も残ります．

⇒ **発展問題【1】**

　以上のように，グライスの分析にはいくつかの根本的な問題が含まれています．伝統的な考え方では，メタファーなどのレトリックを装飾的な修辞的技法としてとらえ，真となる意味を伝える一般的な用法と区別していました．グライスも基本的にはこのような伝統的な考え方に基づいて，レトリックを真実性（質）の格率からの逸脱と考えています．次に紹介する**認知言語学**（cognitive linguistics）は，このような伝統的な考え方とは対照的に，レトリックをごく普通の自然な用法ととらえています．このような考

☞ Cognitive linguistics

え方は関連性理論にも当てはまりますが，この 2 つの考
え方には本質的な違いがあります．この根本的な違いに注
目しながら，認知言語学がどのようにメタファーをとらえ
ているのかを概観することにしましょう．

● 認知言語学と関連性理論の考え方の違い

　私たちが普段使うことばの中にもメタファーは頻繁に現
れてきますが，認知言語学では，メタファーは言語に特有
のものではないと考えています．メタファーが私たちの思
考の根本にあって，それに基づいて考えたり，行動したり
するととらえているのです．私たちは難しい抽象的なこと
を分かりやすい具体的なものを通してとらえようとします
が，言語で使われるメタファーはこうした思考を反映して
いると考えているのです．それでは，まず (5) の例を見
てみましょう．

(5)　Our marriage is on the rocks.

　　　（私たちの結婚は暗礁に乗り上げた）

この表現は，恋愛を旅でとらえるメタファーに基づいてい
ます．恋愛にも旅にも，始まりと終わりがあって，無事に
目的地にたどり着くことも多いでしょうが，途中で困難に
出くわすこともあるでしょう．時には人の助けを得て，困
難を乗り越えることもあるかもしれませんが，途中で挫折
してしまうこともあるでしょう．このように旅が持つ共通
の構造を通して，恋愛という概念をとらえることになりま
す．認知言語学では，恋愛のように難しい概念を旅のよう
な分かりやすい別の概念を通してとらえることを，専門用
語を使って，2 つの領域の間で**写像**（mapping）が行われ
ると言います．こうした表現の根底には，LOVE IS A
JOURNEY（恋愛は旅である）というメタファーがあって，
旅を通して恋愛をとらえていると考えているのです．ま
た，認知言語学では，こうしたメタファーは，私たちが生

ポイント 認知言語学
では，メタファーを異
なる 2 つの領域間の
写像としてとらえてい
る．

まれる前から生得的に備わっているものではなく，私たち
の経験から得られるものだと考えているのです．

　以上のように，認知言語学では，メタファーは私たちの
思考の基礎をなすもので，言語はその思考を反映したもの
にすぎないと考えていますが，関連性理論ではこれとは対
照的な立場をとっています．関連性理論では，言語として
のメタファーが異なる領域間の写像といった特定の思考を
反映するものではなく，文字通りの意味・**近似表現**（ap-
proximation）・誇張法と同じ連続体を形成するもので，メ
タファーに特定のメカニズムはなく，すべて同じように解
釈されると考えています．

　メタファーに限らず，両者の立場における本質的な違い
として，関連性理論が発話解釈を，**亜人格的**（sub-person-
al）で，迅速かつ無意識的に行われる過程であり，すべて
関連性に基づいて行われるものであると考えている点が挙
げられます．私たちの行動には，意識的・自発的に行われ
る人格的なものと，自律的・機械的・無意識的に行われる
亜人格的なものとがあります．発話解釈は後者のものとな
ります．例えば，勉強をしているときなどに，周りの騒音
の中でも特に人の話し声が気になって集中できないという
経験は誰にだってあるでしょう．これは，私たちが無意識
的にことばを解釈しているからなのです．ましてや，自分
に向けられた場合には，耳でもふさがない限り解釈を止め
ることは難しいでしょう．仮に何らかの理由で「あの人と
話したくないな」と思っていても，例えばその人に「今電
車が止まって復旧の見込みがないようだよ」と言われれば，
「たいへんだ，帰れなくなっちゃう」などと思わず考えて
しまうのではないでしょうか？

　認知言語学では，意味を言語理論の中心にすえ，言語の
自律性を否定しています．しかし，言語の自律性について
は，サヴァン症候群やカクテルパーティ症候群の例を見れ
ば明らかだと思います（詳細については，今井（2015: 142）を

ポイント 関連性理論では，文字通りの意味・近似表現・誇張法・メタファーを連続体としてとらえている．

ポイント 発話解釈は亜人格的で，自律的・機械的・無意識的に行われる．

参照のこと）. サヴァンとは，知的障害や発達障害を持って
いる人々のうち，例えば言語などある面の才能が非常に秀
でている人々のことを指します. また，カクテルパーティ
症候群では，知的発達が遅れていて簡単なこともできない
にもかかわらず，きわめて流ちょうに話をするという症状
を示します. しかし，ことばの理解や伝達に問題があり，
無関係なことや自分でも意味の分からないようなことを話
します. これらの例からも，言語がそのほかの能力から自
律しているということが分かると思います. 関連性理論で
は，言語の自律性よりも一歩進んで，発話解釈の自律性，
つまり語用論過程の自律性を主張しています. つまり，発
話解釈という語用論過程を発話解釈に特化したモジュール
(module) とみなしていることになります. 認知言語学に
おいて，言語の自律性でさえもが認められない以上，この
ような関連性理論の立場が受け入れられるはずもありませ
んので，ここにも大きな考え方の相違があると言えるで
しょう.

ポイント 関連性理論
では，発話解釈という
語用論過程を発話解釈
に特化したモジュール
とみなしている.

　亜人格性やモジュールという概念は，関連性理論の根幹
をなす考え方であると言えます. このような考え方に基づ
くがゆえに，関連性理論だけが，認知言語学を含むほかの
すべての語用論の考え方とは対照的に，真の科学的説明の
可能性を内に秘めていることになります. この亜人格性と
モジュールについては，心の理論 (Theory of Mind) とと
もに，この章の最後でもう一度考えてみることにしましょ
う.

☞ Mind reading

● 写像とアドホック概念

　Our marriage is on the rocks. については，認知言語学
では，「恋愛は旅である」という概念メタファーに基づい
て，2 つの異なる領域間の写像としてとらえると述べまし
たが，関連性理論では，メタファー解釈に概念メタファー
は必要ないと考えています. 恋愛と旅を結びつけるような

概念をあらかじめ持っていなくても，聞き手は**関連性理論による解釈の手順** (Relevance-theoretic Comprehension Procedure) に従って，接近可能な順序で *on the rocks* という表現に関する**百科事典的情報** (encyclopaedic information) と呼ばれる情報の中から結婚に当てはまる意味を選んでいきます．例えば，「障害が生じた」，「前に進まなくなった」，「誰かの助けが必要だ」，「絶望的だ」などといった意味が選ばれます．その結果，この概念は結婚にも当てはまるまで拡張されることになり，**アドホック概念** (ad hoc concept) ON THE ROCKS* が構築されることになります．Wilson (2011: 191) が指摘しているように，同じような意味は，*down the drain* （水泡に帰して (drain は排水溝の意))，*down the plughole* （失敗して (plughole は水栓の意))，*out the window* （消え去って (window は窓の意))，*up in flames* （消えてなくなる (flame は炎の意)) などの旅とは無関係の表現を使っても伝えることができます．したがって，「恋愛は旅である」という概念メタファーは必ずしも必要でないことが分かります．仮に必要だとしても，上のような旅とは無縁の表現を解釈するのに，認知全般との関連において，どのような概念メタファーをどのように選び出すのか，その手順が明らかではありません．

　関連性理論では，メタファーは文字通りの意味，近似表現，誇張法と同じ連続体を形成し，その連続体の一方の端にあるものと考えています．したがって，文字通りの意味か，それとも誇張法なのかということを意識せずに，関連性理論による解釈の手順に従って，すべて同じように解釈が行われることになります．次の例を見てください．

(6)　The water is boiling. （水が沸騰している）

例えば，100℃ に達した状態の水でジャムの瓶を煮沸消毒しようとしているのでしたら文字通りの意味となりますし，100℃ に近い状態で消毒しようとしているのでしたら

☞ Relevance-theoretic comprehension procedure

☞ Ad hoc concept

近似表現となります．また，60℃ 程度のお湯に誤って手
を入れてしまって，その熱さを表しているのでしたら誇張
法となります．また，水道水にドライアイスを入れたよう
な状態やコップの水にストローで息を吹き込んだ状態でし
たらメタファーとなります．文字通りの表現からメタ
ファーに至るまで連続してつながっており，それぞれの間
にはっきりとした境界はありません．つまり，これらの用
法はすべて同じような手順で解釈されるはずです．仮にメ
タファーが写像として説明されるのでしたら，メタファー
以外の用法についても同じように写像として説明する必要
があるでしょう．しかし，これらの例に対して，どのよう
な写像が適用されるのか明らかではありません

⇒ **発展問題【2】**

　Wilson (2011: 191-192) や Wilson and Carston (2006:
419) は，その場のコンテクストに応じて，アドホック概
念が構築されますが，そのような概念の中には，繰り返し
使われることによって，人々の間で意味が定着し，解釈の
手順も繰り返されることによって労力もかからなくなって
くるものがあるのではないかという可能性を指摘していま
す．例えば，結婚を旅にたとえたり，女性を花にたとえた
りするメタファーが繰り返し使われるようになると，ちょ
うど認知言語学で考えられているような異なる領域間の写
像に類似した対応関係が，2 つの概念の間に生じるかもし
れません．その結果，結婚と聞けば旅に関する特定の百科
事典的情報が，女性と聞けば花に関する特定の百科事典的
情報が自動的に活性化されます．このように，2 つの概念
の結びつきが強まり，解釈も容易になることによって，旅
や花に関する，類似した別の表現が生まれてくると述べて
います．つまり，2 つの概念の写像は初めからあるもので
はなく，アドホック概念が繰り返し使われることによって
生じてくるのではないかとの可能性を指摘しているので
す．ウィルスンたちは，領域間の写像がコミュニケーショ
ンにおいて中心的な役割を演じていることは否定していま

すが，もし貢献しているとすれば，百科事典的情報への接近可能性を高め，発話解釈にかかる労力を減らすことによって貢献しているという意見を述べています．この点について，Tendal and Gibbs（2008）では，異なる領域間の写像が労力の面で関連性に貢献するという点は認めつつも，やはり写像が 2 つの概念を結びつける上で，役割を演じていると考えています．関連性理論が，労力の面での貢献を認めるだけでなく，領域間の写像という考え方を積極的に取り入れることで，理論上の違いを乗り越えた包括的な理論に発展すると考えているようです．つまり，Gibbs and Tendal（2006）も含め，彼らは，関連性理論と認知言語学の見方がお互いに相容れないものではなく，相補的なものだと考えているのです．しかし，根本的な考え方が違う以上，相補的だと考えるのはかなり難しいように思います．上のウィルソンの考え方についても，今後検討が必要でしょう．

● メタファー（関連性理論の観点から）

　関連性理論では，文字通りの意味からメタファーに至るまですべて同じ連続体を形成しており，例えば誇張法とメタファーとの間には，はっきりとした境界線はないと考えています．したがって，解釈上，メタファーをほかの用法と区別していませんが，ここではメタファーに焦点を絞って，関連性理論の観点から見てみたいと思います．

　それでは，まずよく使われる一般的な例から始めてみましょう．

(7)　首都圏の水がめが危機的な状況に陥りそうだ．

（朝日新聞）

【Q】　ここでは，「水がめ」という表現が，首都圏に水を供給する，八木沢ダムを含む利根川水系の 8 つのダムを指して使われていますが，どのよ

うな概念が構築されるのか考えてみよう.

【A】　水がめとは飲み水などを蓄えておくのに使われる陶器製などの容器のことですが, 水がめもダムもともに飲み水などの生活に必要な水を貯めておくものです. いずれも水を切らしてしまうと生活にかかわるような事態が生じてしまいます. このような共通の特徴を通して, 符号化された概念「水がめ」が大規模な給水用のダムを含むまで拡張され, アドホック概念「水がめ*」が構築されます. 水を使ったらその分だけ水を汲み入れておかないとなくなってしまうように, ダムの水も雨が降らなければどんどんと減っていってしまいます. 貯水率が低下したときに, よくこのメタファーが使われますので, 例えば「泉」などに比べ, 限られた資源である水が減っていくイメージがつかみやすいのでしょう.

　メタファーについて, もう少し詳しく説明したいと思います.

(8)　Caroline is a princess. (キャロラインは王女様だよ)

(9) a.　That surgeon ought to be dismissed.
　　　　（あの外科医は辞めさせたほうがいいね）

　　 b.　He is a butcher. (なんてったって肉屋だからね)

キャロラインがいつもわがままな振る舞いをするというコンテクストで (8) が発話されたとします. キャロラインが王室の出ではないとすると, PRINCESS という概念は拡張されて, 王女でない者を含むアドホック概念 PRIN-CESS* が構築されます. また, 王女の百科事典的情報には, 優雅だ・羨望の的である・優しいなどの情報も含まれるかもしれませんが, ここでは当てはまりませんので, 概念の**縮小** (narrowing) も行われ, 周りからちやほやされて, わがままだといった意味を持つ PRINCESS** が構築

☞ Narrowing

されます．この結果，CAROLINE IS A PRINCESS** という**明意**（explicature）が推論されることになります．

　（9a, b）は同じ人物による発話だとすると，（9a）の部分で「あの外科医は辞めさせたほうがいいね」と言われた聞き手は「なぜだろう」と思い，その理由を次の（9b）の部分に期待するのではないでしょうか？　つまり，何か問題があるのだなと思いながら，（9b）の部分を解釈するはずです．そこで聞き手は，肉屋が肉を切り分ける様子を想像しながら（9a）の理由を探ります．もちろん肉屋にも高い技術は要求されますが，外科医の手術に要求される技術は，もっと繊細で，精密なものでしょう．もし外科医が食用とする肉を切る技術しか持ち合わせていないとすると，患者もたまったものではありません．この発話解釈では，聞き手は外科医を含むまで BUTCHER の概念を拡張し，アドホック概念 BUTCHER* を構築し，明意へと発展させます．そして，当該の外科医が食肉を切り分ける程度の技能しかない BUTCHER* であるため，手術をとても任せられないような藪医者だ，危険だ，解雇に値するといった暗意を推論します．このような推論は，実際には瞬時に行われるものですし，順番も上のような順序で行われるとは限りません．むしろ先に暗意のほうを解釈し，それに基づき，アドホック概念を構築するということも考えられます．こういった推論は，関連性を見出すごとに進められ，コンテクスト・明意・暗意の間で相互調整が行われることになります．もともとの BUTCHER の概念には，手術をとても任せられないような藪医者だ，危険だなどの情報は含まれていませんが，以上のような過程で推論が行われて，このような意味が解釈されるのです．

● アイロニー（関連性理論の観点から）

　冒頭で説明したように，グライスは質の確率への違反を通してアイロニーを含意として解釈すると説明しています

☞ Explicature
ポイント　構築されたアドホック概念は明意に貢献する．

が，ここではアイロニーを関連性理論の観点から考えることにしましょう．まず，Peter と Lisa がピクニックに出かけたとします．その日は快晴で，Peter は空を見上げ It's a lovely day for a picnic. と Lisa に言います．現地に到着しても，空は澄み渡りすがすがしい陽気です．そのような中で Lisa が Peter に向かって次のように繰り返します．

(10)　It's a lovely day for a picnic, indeed.

　　　（まさにピクニック日和だね）

もちろんこの場合は，Lisa が自分も Peter と同じ気持ちであることを伝えていることになります．

【Q】　それでは，現地に到着したら突然の雷雨で，しぶしぶ引き返そうとするときに (10) と言ったとしたらどうなるでしょう？

【A】　もちろんこの場合は，上の例とは対照的に Peter の考えが間違っていたことを Lisa が暗にからかっていることになります．つまり，アイロニーの例となります．

　このように，ある考えに対して示される態度の違いによって異なった意味が伝達されます．発話には，相手の言ったことをただ繰り返すだけでなく，上の例のように，自分の態度を示しながら繰り返すことがあります．もう少し正確な言い方をすれば，現在の自分以外の思考を引き合いにだしながら，それを受け入れたり，からかったりして，ある種の態度を表すのです．ちょうど Lisa が Peter の考えを引き合いにだしているように，誰かが抱いている考えを繰り返しながら発話するような用法，つまり思考を誰かに転嫁するような用法を**転嫁的用法** (attributive use) と呼びます．また，この用法の中でも特に思考に対して自分の態度を示すものを**反復的用法** (echoic use) と呼んでいます．上の 2 番目の例では，Lisa が，「まさにピクニッ

☞ Echoic use
ポイント　転嫁的用法のうち，自分の態度を示すものを反復的用法と呼ぶ.

ク日和だ」という Peter の考えに対して,「そう考えるの
はばかげている」といったように,Peter の考えと自分の
考えとを切り離すような態度を示しています.このような
態度を関連性理論では,**非容認的態度**(dissociative atti-
tude)と呼んでいます.アイロニーでは,ある思考に対し
て,このような非容認的態度が示されることになります.
つまり,次のように自分以外の思考が非容認的態度の中に
埋め込まれるような構造を持っているのです.

(11)　It is ridiculous to believe that it's a lovely day for a
　　　 picnic.
　　　 (今日の天候がピクニック日和だなどと考えるのはばかげ
　　　 ている)

(11)は関連性理論の用語を使えば,**高次明意**(higher-lev-
el explicature)を表していることになります.高次明意と
は,表出命題を「言う」「ささやく」などの発話行為述語
や「残念に思う」,「滑稽だと考える」などの命題態度術語
の中に目的節として埋め込んだものを指します.アイロ
ニーを表す高次明意では,ある思考が非容認的態度の中に
埋め込まれているため,その思考自体を表す表出命題の部
分は,意図明示的に伝達されてはいませんので,明意とは
なりません.これは,表出命題の部分が,話し手がばから
しいと思っている内容で,伝達したいと思っているもので
はないからです.このように,発話には,表出命題が必ず
しも明意とはならないような場合があります.発話行為述
語や命題態度術語の中に埋め込まれていない明意を高次明
意と区別して基礎明意(basic explicature)と呼びますが,
アイロニーには,高次明意だけがあって,この基礎明意が
ないということになります.
　アイロニーは自分以外の思考を引き合いに出す転嫁的用
法の一種だと述べましたが,非容認的態度をもって反復さ
れる思考は(10)のように同一のものとは限りません.反

☞ Higher-level expli-
cature

ポイント　アイロニー
に高次明意はあるが,
基礎明意はない.

復される思考は類似関係に基づくものなので，要するに似ていればよいということになります．例えば，快晴だという天気予報を見て出かけたら，突然の雷雨に見舞われたという状況で，It IS a lovely day today.（今日は実にいい天気だ）と言ったとします．この場合，気象予報士は，It will be dry, warm and sunny.（乾燥して，温かい晴れの日となるでしょう）と言ったかもしれませんし，ただ Sunshine and a high of 25.（晴れ，最高気温は 25 度）と言っただけかもしれません．いずれの場合も，気象予報士のことばを正確に繰り返しているわけではありませんが，類似した思考を反復していることになります．

　また，反復される思考は，特定の個人のものである必要もありません．ある集団一般に共通する考えであったり，頭の中で漠然と抱いていた期待や希望であったり，過去に抱いていた自分の考えだったりするような場合もあります．したがって，誰かが口に出して言った発話である必要もありません．次の例は，アガサ・クリスティの *Partners in Crime* からのものですが，妻のタペンスは平和で平凡な結婚生活に退屈して，夫のトミーに次のようにため息をもらします．

(12)　'So Tommy and Tuppence, were married,' she chanted, 'and lived happily ever afterwards. And six years later they were still living together happily ever afterwards …'
　　　（「そうして，トミーとタペンスは結婚し，その後幸せに暮らしました．6 年が過ぎても，ずっと変わらずに 2 人で幸せに暮らしていました」と口ずさむように言った）

タペンスは，特定の発話というよりは，おとぎ話にお決まりの and they lived happily ever after といった表現を反復しながら，同時にそのような考えから自分を切り離すような態度を示していると考えられます．

　最後に挙げるのは『坊ちゃん』からの例です．坊ちゃんは「天麩羅」を 4 杯食べたことを笑われ，それをとがめますが，その後に生徒たちに次のような落書きをされてしまいます．

(13)　十分たって次の教場へ出ると一つ天麩羅四杯なり．
　　　ただし笑うべからず．と黒板にかいてある．

【Q】　この例を「非容認的態度」ということばを使いながら説明してみよう．

【A】　生徒たちは落書きを通して，天麩羅を 4 杯も食べておいて，そのことを笑うなという坊ちゃんの考えを引き合いに出しながら，同時にそのような考えはばかげているという態度を示しています．生徒たちは坊ちゃんの思考を非容認的態度を示しながら反復しており，落書きによってアイロニーを伝えています．

　以上の通り，アイロニーは，現在の自分以外の思考を反復するという特徴を持っています．反復される思考には，具体的な人物の思考だけでなく，特定の集団や文化に特有の考え方なども含まれます．また，現在は過去とは異なった考え方をしているような場合では，過去の自分自身の思考を反復することもあります．そのような反復された思考に対して，同時に非容認的態度を示すことによって，アイロニーが生まれるのです．

⇒ 発展問題【3】

● 亜人格性・心の理論・モジュール

　これまで関連性理論の立場から語彙語用論について述べてきましたが，本章を締めくくるにあたり，亜人格性・心の理論・モジュールという関連性理論の根幹を成す概念について，もう一度詳しく考えてみたいと思います．

　まずは，次の暗意の解釈過程を見てみることにしましょう．

(14)　花子：　バドミントンをしようよ．
　　　太郎：　すごい風が吹いているよ．

これまでの説明に基づくと，太郎の発話と「暗意された前提」から次のような推論が行われることになります．

(15)　太郎と花子のいる場所ですごい風が吹いている．
　　　ある場所ですごい風が吹いていれば，その場所でバドミントンをすることは不可能である．
　　　∴太郎と花子はバドミントンをすることができない．

確かに，私たちは，以上のような推論を行っているはずですが，実際の発話解釈の場面で，このような過程を意識しながら解釈を行っているのでしょうか？　もちろん意識などしていません．これまでも発話解釈の過程を分析的・再現的な述べ方で説明してきましたが，実際には，瞬間的かつ無意識的に解釈が行われます．例えば (16) では，花子は，太郎の発話を聞いた瞬間に，「バドミントンをすることができない」という解釈を得るでしょう．すでに述べた通り，行動には，意識的・自発的に行われる人格的なものと，自律的・機械的・無意識的に行われる亜人格的なものとがあります．発話解釈は，関連性理論による解釈の手順に従って，自動的・無意識的・非思慮行為的に迅速に行われるものです．意識的・自発的に行う人格的行動は，そのままでは科学的研究の対象になりませんが，このように，状況や行動を亜人格的な要素に還元しえたときにはじめて，本当の科学的説明の可能性が生まれてくると言えるでしょう．

　次に心の理論について考えてみたいと思います．私たちは，表情などから，うれしそうだなとか怒っているなといったように，人の感情を読み取ることができます．また，表情を見なくても，状況から相手の気持ちを察することができます．例えば人通りの多い横断歩道の前で車が歩

行者のために止まったとします．たとえ運転手の顔が見え
ないとしても，あまりにも多くの人が横断歩道を渡ってい
る場合，「そろそろしびれを切らしているだろう」とか「待
ちくたびれているだろう」などと考えて，自分も足早に
渡ったり，車を先に行かせたりすることもあるでしょう．
このように，私たちは相手の行動などから，その人の心的
状態を推論する能力をもっています．発話に関していえ
ば，「しんぷ」が「新婦」なのか，あるいは「神父」なのか
も即座に判断できますし，これまで見てきたメタファーや
アイロニーも容易に解釈することができます．もちろん
(14) の太郎の「すごい風が吹いているよ」という発話か
ら，「バドミントンをすることができない」という暗意を
得ることもできます．このように，私たちは，いわば相手
の心を読む能力を持っているのです．言い方を変えれば，
私たちには「心の理論」が備わっているということになり
ます．

　ディズニーの『白雪姫』には，おばあさんに扮した女王
（魔女）が白雪姫に毒リンゴを食べさせるシーンがありま
す．私たちは，このおばあさんが女王であることを知って
いますし，おばあさんの持っているリンゴが実は毒リンゴ
であることも知っています．さらに，おばあさんが女王で
あり，かつ真っ赤なリンゴが毒リンゴであることを白雪姫
が知らないということも分かっています．ですから白雪姫
が女王に騙されて，願いを叶えてくれるリンゴだと信じて
いることも当然承知しています．また，女王が毒リンゴを
食べさせて白雪姫を永遠の眠りにつけ，自分がこの世で一
番美しい人物になろうとしている意図も把握しています．
以上のようなことは，小学生の低学年にもなれば容易に理
解できることですが，心の理論に問題のある自閉症の子供
たちには，理解することができないと考えられています．

　関連性理論についてこれまで見てきたことをまとめる
と，発話解釈とは，心の理論に従った関連性理論の解釈の

ポイント 発話解釈は，
心の理論に従った関連
性理論の解釈の手順に
基づいて行われる，自
動的・無意識的・非思
慮行使的，かつ迅速に
行われる亜人格的な過
程である．

手順に基づいて行われる，自動的・無意識的・非思慮行使
的，かつ迅速に行われる亜人格的な過程であると言えるで
しょう．つまり，これを一言で表すならば，関連性理論
は，発話解釈という語用論過程をモジュールとみなしてい
るということになります．例えば，運動をしたときには，
肺は血液中に取り入れる酸素の量を増やし，二酸化炭素の
排出を多くするように働きます．また，心臓は肺や全身へ
と送り出す血液を増加するように働きます．そのため，呼
吸や心臓の動きが速まります．これは自分の意思でコント
ロールすることはできません．消化器の動きも同じで，食
べ物を口にすれば，自動的に消化を開始し，「消化の動き
を遅くして，お腹が鳴るのを防ごう」などということはで
きません．聴覚についても同様のことが言えます．繁華街
などで，高周波のモスキート音が突然聞こえてきて，耳が
痛くなったという経験はありませんか？「不快な音だから
聞かないようにしよう」などと制御はできず，聴覚器官が
勝手に音を聞き取ってしまいます．このような器官は，そ
れぞれが特定の働きを持ち，特定の刺激に対して自動的に
機能するもので，自分の意図によって左右されるものでは
ありません．つまり，このことは，これらの器官がまさに
モジュールであることを意味しているのです．

　フォウダー（Jerry Fodor）は，人間の認知体系はかなり
の程度モジュール的なものであると主張しています．フォ
ウダーは，人間の脳の働きのうち，知覚や運動制御などの
比較的下位のものは，それぞれモジュールであり，総合的
判断・得られた知識の定着・問題解決・計画立案・言語の
意味解釈など，各方面のコンテクストを要する，いわば
「高級な」働きは，中心的な体系によって行われると考えて
います．これに対して，関連性理論による語用論過程を突
き詰めていけばいくほど，その過程がモジュール的である
ことが明らかになってきました．そこで関連性理論では，
「100％モジュール（massive modularity）説」を唱えるに至

ポイント　関連性理論
では，「100％モジュー
ル（massive modulari-
ty）説」を唱えている．

りました．これは，認知活動を司るのはすべてモジュール
であるというもので，フォウダーの中心的認知体系の存在
を否定する考え方です．発話解釈を含む認知過程は，とて
も複雑な過程で，1つの発話の解釈が行われるたびに，次
の発話を解釈するコンテクストには変化が生じていきま
す．したがって，発話の解釈過程は，このように常に変化
するコンテクストに対応できるものでなくてはなりませ
ん．ちょうど食道・胃・腸などの消化管と唾液腺・肝臓・
膵臓などの付属器官などから消化器系が構成されているよ
うに，複雑な働きをする認知モジュールは，いくつものサ
ブ・モジュールからなっていると考えられています．ま
た，モジュールには生得的なものと，生得的なモジュール
から派生する別のモジュールがあるという点も指摘されて
います．フォウダーが考えるような，たった1つのモ
ジュールでは，量的にも質的にも多岐にわたる情報を処理
することはできないでしょう．しかし，100%モジュール
説では，モジュールが上のような特徴を持っているため，
複雑な情報処理に対応することができると考えているので
す．

　私たちの世界には情報があふれています．例えば，駅の
注意書きだけ見ても，「やめましょう，歩きスマホ」，「ホー
ムドアに寄りかからないでください」，「線路内立入禁止」，
「落としちゃイヤ〜ホン！！」などと様々なものがありま
す．これらはみな注意喚起を促すもので重要な情報ではあ
りますが，意識をしていないと気づかないことが多いと思
います．発話解釈自体複雑な過程ですし，こういった情報
に加えて，自分には全く関係のない情報までをすべて入力
として取り込んで処理をしていたら，それこそパンクして
しまいます．第7章の最適の関連性の当然視と関連性原
理IIのところで詳しく説明しましたが，発話は意図明示
的刺激であり，最適の関連性を有しているとみなされるも
のです．発話解釈を行う語用論過程は，そのようなきわめ

ポイント 語用論過程
は，最適の関連性を有
する意図明示的刺激に
よってのみ発動され
る．

て特殊な刺激によってのみ発動されるもので，モジュール
の特徴でもある，特定の領域にのみ奉仕しているものと言
えるでしょう．また，言語使用能力を含む他の能力との乖
離があるという点も重要な特徴です．例えば，自閉症者，
ウィリアムズ症候群の人たちが流ちょうに話せても，心の
理論に問題があるため，発話解釈に困難を感じることが示
されています．これらの例からも，言語使用能力と発話解
釈能力との間に乖離があるということが分かるでしょう
（詳細については，今井・西山 (2012: 83-84) を参照のこと）．

　以上の通り，亜人格性・心の理論・モジュールについて
詳しく見てきましたが，関連性理論がこういった考え方に
基づいているからこそ，本当の科学的説明の可能性が生ま
れてくるのです．つまり，他の語用論理論とは異なり，唯
一関連性理論だけが人間の認知の本質を明らかにする上
で，きわめて重要となるアプローチの仕方をしていると言
えるでしょう．

● **発展問題**

【1】　この章を読んだ後で，グライスのメタファーや誇張法へのアプローチと関
　　　連性理論のアプローチとの違いについて説明してみよう．

【2】　The water is boiling. のように，同じ表現が（文字通りの意味からメタ
　　　ファーに至るまで）概念を拡張して使われるということを示す例とそのコン
　　　テクストを考えてみよう．

【3】　アイロニーの例を考えて，関連性の枠組みに沿って説明してみよう．

● **参考文献**

今井邦彦（編），井門亮・岡田聡宏・松崎由貴・古牧久典・新井恭子（訳）(2009)『最
　　新語用論入門 12 章』大修館書店．
今井邦彦 (2001)『語用論への招待』大修館書店．
今井邦彦 (2011)『あいまいなのは日本語か，英語か？——日英語発想の違い』ひつじ
　　書房．

今井邦彦 (2015)『言語理論としての語用論：入門から総論まで』開拓社.

今井邦彦・西山佑司 (2012)『ことばの意味とはなんだろう』岩波書店.

子安増生 (2017)『心の理論——心を読む心の科学』岩波書店.

Allott, Nicholas (2010) *Key Terms in Pragmatics*, Continuum, London. [今井邦彦（監訳）, 岡田聡宏・井門亮・松崎由貴・古牧久典（訳）(2014)『語用論キーターム事典』開拓社.]

Gibbs, R. and M. Tendahl (2006) "Cognitive Effort and Effects in Metaphor Comprehension: Relevance Theory and Psycholinguistics," *Mind and Language* 21(3), 379–403.

Sperber, Dan (2005) "Modularity and Relevance: How Can a Massively Modular Mind Be Flexible and Context-Sensitive?" *The Innate Mind: Structure and Content*, ed. by Peter Carruthers, Stephen Laurence and Stephen Stich, Oxford University Press, Oxford.

Tendahl, M. and R. Gibbs (2008) "Complementary Perspectives on Metaphor: Cognitive Linguistics and Relevance Theory," *Journal of Pragmatics* 40(11), 1823–1864.

Wilson, Deirdre (2011) "Parallels and Differences in the Treatment of Metaphor in Relevance Theory and Cognitive Linguistics," *Intercultural Pragmatics* 8(2), 177–196.

Wilson, D. and R. Carston (2006) "Metaphor, Relevance and the Emergent Property Issue," *Mind and Language* 21(3), 404–433.

● さらに勉強したい人のための参考文献

今井邦彦 (2015)『言語理論としての語用論——入門から総論まで』開拓社.（関連性理論の考え方を分かりやすく紹介するとともに，言語行為理論・グライス理論・新グライス派・認知言語学といった理論に対して批判的検討を行い，それらの理論と関連性理論との差異を明らかにしている.）

Clark Billy (2013) *Relevance Theory*, Cambridge University Press, Cambridge.（関連性理論全般について書かれており，関連性の原理・明意・暗意といった関連性理論の根本的概念から最近の理論的発展に至るまで説明されている.）

第 III 部　発展編

第10章 関連性理論と生成文法

● 生成文法の意味観

　チョムスキー理論の最初の公刊本だった Chomsky
(1957) には言語の意味の具体的分析・記述は含まれてい
ません．このことから，この理論も構造言語学理論と同じ
ように，意味に対して言語研究の中での二義的な地位しか
与えていないのだ，という印象を持った読者もいたことで
しょう．事実この本には次のような言明も含まれているの
です．

(1)　［意味を出発点とした言語研究は不可能と言わざる
　　　を得ないが］形式的特徴と意味的特徴との間に対応
　　　が存在することもまた否定できない．こうした対応
　　　は，言語形式に関する理論と言語使用に関する知識
　　　をその一部として持つ，より一般的な言語理論にお
　　　いて考究されるべきであろう．… 第 8 項で指摘し
　　　たのは，言語を道具としてその構造を形式的に探究
　　　するこの接近法は，やがて言語の実際の使用，即ち
　　　文を理解する過程に対して洞察を与えるものと期待
　　　されるということである．

　　　The fact that correspondences between formal and
　　　semantic features exist, however, cannot be ignored.
　　　These correspondences should be studied in some
　　　more general theory of language that will include a
　　　theory of linguistic form and a theory of the use of
　　　language as subparts. […] What we have pointed out
　　　in § 8 is that this formal study of the structure of
　　　language as an instrument may be expected to pro-

vide insight into the actual use of language, i.e., into the process of understanding sentences.

(Chomsky (1957: 102–103))

Chomsky (1957) の「元本」で，執筆時期は 1955–56 年ですがその約 20 年後に刊行された Chomsky (1975) にも同趣旨のことが述べられています．

(2) ［本書で］展開されている理論は，ここでの定義による言語 L の構造を利用することによって言語表現の意味と指示，そしてそれらの表現の適切な使用条件を同定し，さらにその他の考究（統計的言語学など）をも含む，より広い記号学的理論のなかに包摂されるべきものであることが前提されている．

It is assumed [in this volume] that the theory developed is to be embedded in a broader semiotic theory which will make use of the structure of *L*, as here defined, to determine the meaning and reference of expressions and the conditions on their appropriate use, and will also encompass other investigations (statistical linguistics, etc.).　　(Chomsky (1975: 5))

語用論は (1) の「より一般的な言語理論」，(2) の「より広い記号学的理論」，つまり言語学プロパーより外側の領域に含まれる，とするのがチョムスキーの考え方なのでしょうか？

　その一方でチョムスキーは，その引用部分だけを読むと，語用論に重きを置いたような言い方もしています．

(3) 言語使用に関するわれわれの理解が正しい限りにおいて，指示を基礎とした意味論が（内在主義の統語論版のそれを除けば）成立するとの議論は弱いように私には思える．自然言語というものは，統語論と語用論だけからなるのかもしれない．

"As for semantics, insofar as we understand language
use, the argument for a reference based semantics
(apart from an internalist syntactic version) seems
to me weak. It is possible that natural language has
only syntax and pragmatics ...."

(Chomsky (1995: 26, 2000: 132))

ところが (3) の引用源より 15 年も前の Chomsky (1980)
に出てくる「語用論能力」という概念を見ると，語用論は，
厳密には，言語能力の中心部分より外側にあると考えられ
ていることが判ります.(注1)

(4)　ある言語を知っている脳内の状況をさらに細かい構
　　　成に分別して，「文法的能力 (grammatical compe-
　　　tence)」と時折呼ばれるものを「語用論能力 (prag-
　　　matic competence)」から区別することは理に適っ
　　　たことだと思える.
　　　It makes sense ... to analyze the mental state of
　　　knowing a language into further components ... to
　　　distinguish what is sometimes called "grammatical
　　　competence" from "pragmatic competence."

(Chomsky (1980: 59))

注 1：これはのちに Chomsky (1995) や Hauser et al. (2002) で一層明らかになります. p. 143 の (12) および pp. 144-147 の記述を見てください.

ここで第 1 章で簡単に触れた生成文法の「I 言語対 E 言
語」の差を幾分詳しく眺めてみて，I と E の違いが意味論
と語用論の差に対応するのか考えてみましょう. チョムス
キーは Chomsky (1986) の中で次のように言っています.

(5)　構造言語学，記述言語学，行動主義心理学や，その
　　　他の現代の接近法は，言語を，行為，つまり発話，
　　　ないし言語形式が意味と組み合わされたもの，ある
　　　いは言語形式または言語的出来事のシステムと見な
　　　す傾向があった …
　　　　このような専門的概念を「外在化された言語」(E

言語）の事例と呼称しよう．その意味するところは
こうした構造体は心／頭脳から離れたものとして理
解されるということである．

Structural and descriptive linguistics, behavioral psy-
chology and other contemporary approaches tended
to view a language as a collection of actions, or ut-
terances, or linguistic forms...paired with meanings,
or as a system of linguistic forms or events ...

Let us refer to such technical concepts as instances
of "externalized language" (E-language), in the
sense that the construct is understood independently
of the properties of mind / brain.

(Chomsky (1986: 19-20))

(6) I 言語とは，その言語を知っており，その言語の獲
得者であり，その言語の話し手かつ聞き手である個
人の頭脳中に存在する何らかの要素である．

言語を I 言語として捉えるならば... 真か偽かと
いう問題はいかなる科学理論の場合と同じように，
文法にとって生じてくるのである．

The I-language ... is some element of the mind of
the person who knows the language, acquired by the
learner, and used by the speaker-hearer.

Taking language to be I-language...then questions
of truth and falsity arise for grammar as they do for
any scientific theory.　　　(Chomsky (1986: 22))

● 関連性理論の意味観

関連性理論は言語をどうとらえているでしょうか？
Sperber and Wilson (1986, 1995) から引用しましょう．

(7) 最広義では，言語は整式[注2]の集合であり，文法に
よって生成される何らかの項目の許容可能な結合の

注2：「整式」とは，あ
る体系の規則に従った
式のことです．日本語

集合であり, 狭義では意味論的に解釈された整式の
集合である.

In the broadest sense, a language is a set of well-formed formulas, a set of permissible combinations of items from some vocabulary, generated by a grammar. In a narrower sense, a language is a set of semantically interpreted well-formed formulas.

(Sperber and Wilson (1986, 1995: 172-173))

という体系では,「ミルク」とか,「山田は大学に行った」は整式ですが,「[mɪlk]」とか「に山田行ったは大学」は日本語の規則(辞書・文法)に従っていないので整式ではありません.

これはまさしく言語を E 言語 (の一部) として定義したものです. しかもウィルスンは Wilson (2011) で a language is a semantically interpreted well-formed formulas をそのまま繰り返しています. この点は同じ関連性理論学者のなかでも (8) に引用するブレイクモア (Diane Blakemore), (9) に引用するカーストン (Robyn Carston) とは少し異ります.

(8)　チョムスキーは言語学を外在化された言語(E 言語)の研究から内在化された体系 (I 言語) の研究へと移動させたことに対する自らの貢献を Chomsky (1986) の中で記述しているが, その重要性を彼女 [シフリン] が理解しているのか不明である.

[I]t is not clear that she [Schiffrin[注3]] has understood the significance of Chomsky's (1986) own description of his contribution to linguistics in terms of a move from the study of language as an externalized object (*E-language*) to the study of an internalized system (*I-language*) … (Blakemore (2002: 154))

注3:Blakemore (2002) からのこの引用は, Schiffrin (1994) への批判です.

(9)　「手続き的意味」なる旗印の下（もと）に今やわれわれが I 言語の最も根本的な構成要素である代名詞や時制・相・法を扱うだけでなく,「おっと」・「畜生！」という語法や, ウィンクしたり肩をすくめたりする動作などの伝達手段や感情を表す口調を扱っているの

は奇妙な状態である．後者は I 言語から大きく外れていると思えるからだ．

This is a curious situation as we now have under the banner of' procedural meaning' some of the deepest components of I-language, such as pronouns and indicators of tense, aspect, and mood, together with communicative devices such as 'oops', 'dammit', winking, shrugging, and emotion-indicating tone of voice, which would seem to fall well outside I-language.　　　　　　　　　　(Carston (2016: 3))

カーストンからはまた，(4) に見るチョムスキーの考えに対する次の言明がなされています．

(10)　関連性理論的語用論は断じて言語能力の一部をなすものではない．「言語」的でない理由は，この理論が言語的刺激のみを扱うのではなく，すべての顕示的な刺激，すなわち志向性を持った (intentionality)[注4] 伝達のために用いられる刺激を扱うからであり，また，そこで用いられる非論証的 (non-demonstrative) 推論過程は，われわれの知る限り，情報処理一般において用いられるものだからである．「能力」の体系，つまり知識の集まりではないとする理由は，それが能力・知識の実行者・運用者であり，実時間上のオンライン的処理を実行するものだからである．… このような観察を踏まえ，かつ，二者択一的な選択（能力か運用か）を前提とするならば，結論は不可避的に次のようになる．すなわち，関連性理論的語用論は運用体系ではあるが，言語機能の一部ではないという点で，言語運用の体系ではない，と．

Relevance theory (RT) pragmatics is emphatically not a component of "linguistic" "competence". It is not "linguistic" because it does not deal in linguistic

注4：「志向性」とは，より平易な英語で言い表せば，'aboutness' で，「心が何かに向かっている」ことです．発話を行うということは，相手に対して何らかの情報を与えようとする志向性を持っていることにほかなりません．

stimuli alone, but in all ostensive stimuli, that is, stimuli used for intentional communication, and, as far as we know, the non-demonstrative inferential processes it employs are used in information processing quite generally.　It is not a "competence" system, a body of knowledge, but rather it's a doer, a performer, which operates within the constraints of real-time, on-line processing. [...] On the basis of these observations, then, and given just the binary choice (competence or performance?) the conclusion has to be that RT pragmatics is a performance system, though not a **linguistic** performance system in that it is not part of the language faculty.

(Carston (1999: 27–28))

(7) に代表されるスペルベル／ウィルスン的言語観について カーストンの私的な意見を求めたところ,「あなたの指摘によって 2 人の言語観には奇妙なところがあることに気付きました：確かに I 言語ではなく一種の E 言語のように思えます. 私の推定では, 2 人は E/I 言語に関する論議を超越しようとしいるのではないでしょうか ([N]ow I see, from your observations, it [Sperber & Wilson's view of language] is rather curious. As they define it, it does seem to be more like some sort of E-language concepttion than Chomsky's I-language. My guess is that they want to try to transcend the E/I language debate.)」という趣旨の返事 (2017 年) が来ました. (9), (10) を見ただけでも, カーストンがチョムスキーの E/I 区分をそのまま受け入れるつもりのなさそうなことがうかがわれますね. これはある意味で当然と言えるかもしれません. チョムスキーは (3) で語用論を"立てる"ようなことを言っているだけでなく, (11) のようなことまで言っています.

(11)　私は当初から，レヴィンスンの主張よりさらに一歩
　　　進んで，語用論は「総合的な言語理論の一部」どこ
　　　ろか，総合的な言語理論の中心的・核心的な構成要
　　　素だと考えている．

　　　My own view has always been stronger than what
　　　you quote from Levinson: "a general linguistic theo-
　　　ry must incorporate pragmatics" not only "as a com-
　　　ponent or level in the overall integrated theory," but
　　　as a central and crucial component …

　　　　　　　　　　　　　　　　　　(Stemmer (1999: 398))

ところが一方で彼はまた，(12) という主張を行ってもい
るのです．

(12)　志向性をめぐる諸問題が，言語の使用をめぐるそれ
　　　を含めて，自然科学的考察の射程内に入ると考える
　　　のは理にかなっていない．… これらの問題に迫る
　　　方法は，われわれ人間の認知能力の埒外，科学を構
　　　築する我々の能力にとって手の届かないところにあ
　　　るのではなかろうか．

　　　[G]eneral issues of intentionality, including those of
　　　language use, cannot reasonably be assumed to fall
　　　within naturalistic inquiry. […] Possibly that way,
　　　whatever it is, lies outside our cognitive capacities,
　　　beyond the reach of the science-forming faculty.

　　　　　　　　　　　　　　　　　　(Chomsky (1995: 27))

関連性理論は発話解釈を目指しています．人間が発話をす
るということは，関連性原理 II に見るとおり，「私の話を
聞きなさい．貴方の認知環境改善につながる情報が，解釈
のために不必要な努力を払うことなしに得られますよ」と
いう呼びかけです．そして発話解釈ということは，発話者
が「最適の関連性を当然視」していることを聞き手が読み

取ることです．これはまさしく志向性を持った行為です．
志向性をめぐる諸問題が，自然科学的考察の射程内に入る
と考えるのは理にかなっていないとするチョムスキーのこ
とばは (3) の自然言語というものは，統語論と語用論だ
けからなるのかもしれないとする推論と両立するとは言い
にくいですね．少なくとも語用論的言語研究は科学として
成立しないことになりますね．これは (5) の少し後に出
てくるカーストンのことば (13) によっても裏付けられま
す．

(13)　語用論は話し手の志向性を推論によって察知する
　　　（これは関連性理論語用論にとってまさしく中心を
　　　なすものである）ものであり，チョムスキーにとっ
　　　て人間の志向性がからんだ事柄は科学的探究の埒外
　　　にある．… チョムスキーによる能力／運用という
　　　区分の仕方が，われわれが検討の対象としているタ
　　　イプの語用論に明瞭な地位を提供できないからと
　　　いって，さほど驚くには当たらないのである．

　　　Such a pragmatics is generally taken to involve the
　　　inferential recognition of speaker's intentions (this
　　　is certainly central to relevance theory pragmatics)
　　　and for Chomsky, matters involving human inten-
　　　tions may well lie beyond the scope of scientific en-
　　　quiry … It would not be too surprising then if his
　　　competence / performance distinction was set up in
　　　such a way that it does not offer an obvious place
　　　for pragmatics as conceived of here.

　　　　　　　　　　　　　　　　(Carston (1999: 28))

カーストンはさらに上で触れた私信の中で次のように言っ
ています．

(14)　[Carston (forthcoming) の中で] 私はチョムスキー

の言う狭い個人的言語観（FLN）と，言語哲学者の
間ではもっと広く支持されている見方との間の相補
性を立証しようとしています．後者に従えば，諸言
語は一般に共有されている伝達体系で，単語やある
種の句（彼らは統語論についてはほとんど何も言っ
ていませんね）の意味と使用法の「仕来り」からほ
とんどが成り立っているわけです．つまりはハウ
ザー／チョムスキー／フィッチの言う広義の言語
（FLB）の 1 種ですね．

[In Carston (forthcoming)] I am trying to argue for
the complementarity of the narrow individualist
Chomskyan view of language (FLN) and the view
that is more common among philosophers of lan-
guage, according to which languages are public
shared communication systems, consisting largely of
the meaning and use 'conventions'of words and
some phrases (they say little about syntax), a ver-
sion of what Hauser, Chomsky & Fitch call language
broadly construed (FLB).

FLN，FLB なる略語が出てきました．これは Hauser,
Chomsky and Fitch（2002）で紹介されている概念です．
次の図 1 を見ながら説明を読んでください．

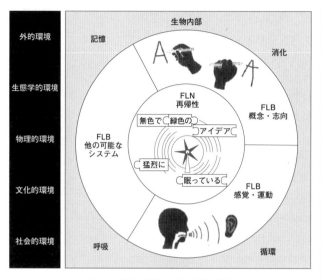

図 1：言語機能の図式的表示

FLN は「狭い意味での言語機能 (the faculty of language in the narrow sense)」，FLB は「広い意味での言語機能 (the faculty of language in the broad sense)」を示します．FLN の中に含まれているのは再帰性[注5] だけで，さらに FLN だけが人間に特有で，FLB の多くの側面は他の脊椎動物との間で共有されていると推測されています．そして Chomsky (2012) の中でチョムスキーはマギルヴレイ (James McGilvray) の「この 2 分法に変化はないか？」という質問に対し，ほぼ肯定的に答え，マギルヴレイはその発言に注を付けて「語用論に関するチョムスキーの考え方は，それが経験的科学となる可能性は極めて低い，というものだと考えられる (Chomsky's point concerning prag- matics seems to be that it is very unlikely to be a naturalis- tic science ...)」と言っています．本章執筆者に対する私信 (2018 年) でもチョムスキーは「関連性理論は … 言語を対象としていますが，言語以外の多くのもの／ことも対象としています (Relevance theory ... involves lan-

注 5：recursion.　第 1 章で文の長さは無限に引き延ばすことが可能だ，と述べました．「太郎の父がむかし勤めてていた銀行の支店長の弟が経営している居酒屋の常連客の 1 人から金をだまし取った女 … のことがテレビで報道された」の「…」部分に「の身柄を確保した○○県警の捜査官 …」などを挿入することは再帰性の 1 つの例です．
　より詳しくは，今井ほか訳『チョムスキーの言語理論』中の「再

guage, but much more.)」と述べているのです．もっとも，関連性理論が，その支持者も認めている通り，生成文法の一部ではなく，生成文法とは異なる認知的モジュールであることを考えれば，この事実は何の不思議でもないことなのですが．もっともチョムスキーは，上記私信で「関連性理論が認知体系の一般的構成の中でどこに属しているのかは目下明らかではありません．同理論については判らないことが多すぎるのです（Where it fits in the general architecture of cognitive systems is hard to say at this point. Too little is known.)」と，あまり関連性理論に好意的ではない言明をしています．

帰的規則」に関する説明（例えば p. 250ff）を読んでください．

● 両理論の異同

　関連性理論の創設者の1人ウィルスンがチョムスキーの元弟子であり，理論構成の初期に創設者のもう一方であるスペルベルから生成文法を学ぶことを薦められたという事情もあって，関連性理論と生成文法との関係は極めて近いものだと，特に前者が台頭し始めたころは考えられました．現在でも，前者は後者を補完するものであり，両者が「言語」とみなしているのは生成文法の言うI言語である，と解釈する人がいます．

　確かに両理論には共通点があります．それは，どちらもモジュールの解明を目的としている点です．つまり，どちらも「狭い入口」から究明を始めるという科学の正道[注6]を採っている点だ，と言い換えられるわけです．そして生成文法が解明対象としているのが言語本質であり，関連性理論のそれは言語の使用である，とまでは言えます．

　けれども，関連性理論が生成文法を補完するものであるとは本章執筆者は考えません．両者は別々のモジュール解明を目標としているとみなすべきです．この判断には，カーストンのことば（13），さらにチョムスキーの発言（12）が，p. 146 に挙げたマギルヴレイの解説を俟つまで

注6：次章を見てください．

もなく，非常に参考になります．

　「アスペルガー症候群（Asperger Syndrome）」という発達障害があります．この障害を持つ人は，興味の対象に対して，きわめて強い，偏執的ともいえる水準での集中を持つことが多いのです．これらの興味が物質的あるいは社会的に有用な仕事と結びついた場合には，実り豊かな人生を送る可能性もあるのですが，問題は，これらの人々が，知能は平均以上のことが多いのに，コミュニケーションに特異性を持っていることです．それは「空気を読むことが出来ない」，つまり「心の理論」が欠けていたり微弱だったりするため，会話が一方通行になりがちだったり，微妙な指示が理解できない，細かいことに注意がいきすぎて全体を把握することができない，等の形をとります．ここにはまさしく，言語機能というモジュールと伝達能力というモジュールが別個のもののであることを強く示しています．

　「カクテルパーティー症候群（cocktail party syndrome）」という障害もあります．この症状を持つ人は，衣服の着脱などが意のままにならず，お金の計算が駄目で，自分の歳さえ分からないことが多く，一口に言えば知能が著しく低いのですが，きわめて流暢にしゃべるのが特徴です．この障害を持つローラというアメリカ女性が 10 代の娘だった時の発話[注7]を例にあげましょう．

(15)　お父さんがちょっと馬鹿なことをしたのよ．で，母さんは，メモを 3 枚持ってたの．1 つはこれから話すとっても良い友だち（の）パンツ屋だった．で，ちょっと難しかったわ．それで警察がお母さんを（そこ）から引きずり出して，本当のことを言ったのよ．だからあたし言ったの，「その中に友だちが 2 人いるのよ！」って．警察はお母さんを引きずった（ので私は言った）．彼は私たちが生きている間は絶対彼らを思い出せないって．それでお終い．お

母さんはすごく怒ってた.

It was kind of stupid for dad, an' my mom got um three notes, one was a pants store, (of) this really good friend, an' it was kind of hard. An' the police pulled my mother out of (there) an' told the truth. I said, "I got two friends there!" The police pulled my mother (and so I said) he would never remember them as long as we live! An' that was it! My mother was so mad!

どう見ても, これは相手に何かを伝達するための発話とは考えられませんね. 事実ローラは会話を「交わす」ことができず, 相手の質問に対して無関係で不適切な答えをするとのことです.「心の理論」が欠落しているためでしょう. ただし, (15) は意味不明であるにしても, ともかく文の集まりです. 言語機能がなければ生まれません. ここにも言語機能と伝達能力との乖離が見られます.

　同様に重要なのは, それぞれの理論が「言語」とみなしているものは同一か, という問題です. 上記の通り, それは生成文法の言う I 言語だ, と主張する人はいます. けれども本章執筆者はそのようには考えません. これまで考察してきたところから考えると, 関連性論学者がみなす言語は I 言語とは考えられません. これは (7), (10), (13), (14), および (10) の直後に紹介したカーストンの私信から明らかです. つまり関連性理論の考える言語は I 言語を何らかの意味で「超えている」ものでありそうですが, 今のところ「どのように超えている」のかはっきりしません. 考えてみれば I 言語だってその具体的姿が明らかになっているわけではありません. それを明らかにしようというのが生成文法の企てなのですから. 本章執筆者にとっては, I 言語が, そしてそれを「何らかの意味で超えた」存在がどのようなものであるかを一刻でも早く明らかにしたいと

思っています.

　あと重要なのは,言語が「どのようにして出現したか」に関する見解です.生成文法では Berwick and Chomsky (2015) に明らかなとおり(これについては次章により詳しく述べます),言語は二次適応(exaptation)によって生まれたとされます.二次適応とは「最初の目的だったこととは異なる目的に適応する」ことです.ヒトの脳は言語を獲得するために高度化したのではなく,高度化したために言語が生まれた,というわけです.これに対して認知言語学(第 12 章でより詳しく扱います)では,「言語は伝達の技法を向上させるために次第次第に進化した,したがって言語構造の説明は認知過程一般と統合化されなければならない」と考えます.これでは考究の目標はモジュールではありえず,「狭い入口から究明を始めるという科学の正道」は踏めません.これまで関連性理論はこの正道を歩んできたと筆者は見ています.しかし昨今少し気になることに気付きました.

　Scott-Phillips (2015) という本があります.著者は,言語の出現に先立って伝達に関して人間の脳中に関連性理論の言う「意図明示的伝達(ostensive communication)」が生じ,それの進化したものが人間独特の言語である,と主張します.「意図明示的伝達」が二次適応によって生まれたのか時間のかかる自然選択によって生じたかは明らかにしていません.問題はスペルベルがこの本に「本書は言語の進化についてこれまで書かれた本の中で最重要・最高の本であると私は考える (This I believe is the most important and the best book ever written on the evolution of language.)」という賛辞を与えていることです.ほんの裏表紙を飾る宣伝文句とはいえ,言語の出現に「広い(かもしれない)入り口を与えている理論を称賛することはスペルベルの言語観に疑いを抱かせます.本章執筆者は関連性理論に科学の正道を踏み外してほしくありません.

● 意味論はどこへ行ったのか

　語用論に関するチョムスキーに見方が上記であるとし
て，意味論についてはどうなのでしょうか？（3）だけを
読むと，チョムスキーの理論からは意味論は捨象されてい
るかに思えるかもしれません．ところがチョムスキーは別
のところでは次のような言明も行っているのです．

(16)　音韻論を脇に置くなら，Chomsky（1975）以来私が
　　　この分野で行ってきた研究のすべては意味論に収ま
　　　る．

　　　([P]utting aside phonology, virtually everything I've
　　　done in the field since LSLT falls within semantics.)

　　　　　　　　　(Smith & Allott (2016: 242)；訳本 p. 291)

(17)　狭い意味での統語論における作業のほとんどすべて
　　　は，意味論的（そしてもちろん音声学的）問題の解
　　　釈に密接に関係づけられてきたし，それらの問題に
　　　促進されてきたのである．この事実は誤って解され
　　　ることが多かった．その原因は，多くの研究者がこ
　　　の作業を「統語論」と呼ぶことを好み，「意味論」と
　　　いう用語を言語外的な何者かの表現間の関係にとっ
　　　ておきたかったからである．

　　　(Virtually all work in syntax in the narrower sense
　　　has been intimately related to questions of semantic
　　　(and of course phonetic) interpretation, and motivat-
　　　ed by such questions. The fact has often been mis-
　　　understood because many researchers have chosen to
　　　call this work "syntax," reserving the term "seman-
　　　tics" for relations of expressions to something extra-
　　　linguistic.　　　　　　　　(Chomsky (2000: 174))

これは（3）と矛盾するでしょうか？　違います．というの
は，（3）で「成立するとの議論が弱い」とされているのは，
「指示を基礎とした意味論」であり，それには「内在主義

の統語論版のそれを除けば」という注が付いています．指示を基礎とした意味論というのは，ことばと世界との関係，例えば，「東京スカイツリー」ということばが東京都にある世界一高いタワーを指すこととか，「第二次世界大戦中のアメリカ大統領ルーズベルトは日本の真珠湾攻撃を内心では大歓迎した」という文が真と言えるための条件は何かを論ずることを目的とするもので，要は第 1 章の (2)，(3) で見た日常言語学派以来続いた伝統的なタイプの意味論です．チョムスキーは，そして生成文法では，このタイプの意味論者を「外在的意味論者 (externalist semanti-cists)」と呼んでいます．人間の頭脳の外に根拠を置いているからですね．外在的意味論はなぜ成立しないのでしょうか？

　「キツネ」という単語を例にとりましょう．この単語は世界にある何を指しているのでしょう？　まず，日本に棲んでいるアカギツネとキタキツネを指しますね．世界に目を向けると○○ギツネ，××ギツネと名の付く動物がいっぱいいます．これらも「キツネ」が指示する対象です．この頃あまり見かけませんが，昔はキツネの毛皮で作った襟巻（顔としっぽが付いていました）がありました．「今日はキツネを着て外出しよう」と言う時のキツネはこの種の襟巻を指しますね．ぬいぐるみのキツネもあって自動車内の飾りなどに使われています．蕎麦屋で「キツネを 2 人前ください」と言った場合のキツネは「キツネうどん」か「キツネそば」を指しますね．歌舞伎『義経千本桜』の“狐忠信”は静御前が打つ鼓の皮の子である狐が義経四天王の 1人佐藤忠信に化けたものですが，「獅童のキツネは派手でいいねえ」と言う時のキツネは「狐忠信を演ずる時の俳優・中村獅童」を指します．さらにそれは人間に化けたり人間を化かしたりすると昔は信じられていた妖怪（現代人にとっては実在しない）を指しているわけです．本章執筆者の祖母は，子供の頃，生地長野県で「昨日はキツネに化

かされて一晩中森の中を歩かされてしまった」と主張する
小父さんに会ったそうですが，この小父さんの使った「キ
ツネ」も同様の妖怪を指していたことになります．このよ
うに，1つの単語が指示する対象は無限に増え得るもので，
それ全体をカヴァーする定義を編み出すことは不可能で
す．無限なのですから対象を具体的に提示することも不可
能です．さらに次の文を見てください．

(18)　日本は 6,852 の島から成っており，天皇陛下を象徴
　　　と仰ぐ国家体制を持つ．

この文の前半の主語は地理，つまり具象的なものを指示し
ています．後半は政治制度，つまり抽象的なものを指示し
ています．そうするとこの文の主語は具象的かつ抽象的と
いう，あり得ない存在ということになってしまいますね．
　それに対してチョムスキーが進めようとしている「内在
的意味論 (internalist semantics)」とはどのようなものなの
でしょうか？ Chomsky (2000) からのいくつかの引用で
探ってみましょう．

(19)　自然言語には統語論と語用論しか含まれていないと
　　　いう可能性が強い．つまり「意味論」なるものは
　　　「この方策——その構造と表現の潜在能力が統語論
　　　研究の主題であるわけだが——が言語共同体の中で
　　　実際に使用される事態の研究」という意味でのみ言
　　　語に含まれるということだ．
　　　It is possible that natural language has only syntax
　　　and pragmatics; it has a "semantics" only in the
　　　sense of "the study of how this instrument, whose
　　　formal structure and potentialities of expression are
　　　the subject of syntactic investigation, is actually put
　　　to use in a speech community," ...

　　　　　　　　　　　　　　(Chomsky (2000: 132))

(20)　人類は言語の使用と解釈に捧げられた特定的「器官」を持っている. これを「言語機能」(FL) と呼ぼう. 経験の差によって微小な違いは生ずるものの, われわれは FL が人類共通のものだと考えてよい.

[H]umans have a specialized "organ" dedicated to the use and interpretation of language, call it "the faculty of language" (FL). We can take FL to be common to the species, assuming states that vary in limited ways with experience ...　　　　　(ibid.: 168)

(21)　ピーター(注8) の LF が状態 L(注9) にあるとしよう. この場合彼はその言語を持っている (その言語を話す, 理解する, など) と言える. ここで「言語」という語は専門的意味で使われている. すなわち L は, L という言語の無限に多くの表現を生成する特定の手続きであることを表す意味で「I 言語」―「I」は内的, 個人的, そして内包的を示唆する―と呼ばれている ... 人間の本質を究める科学の中で, FL に, また FL が呈する状態に, そしてこれら複数の I 言語が生成する表現に係わる部分は, 「I 言語学」と呼んでよいだろう.

Suppose Peter's LF is in state L. We may then say that Peter has (speaks, understands, ...) the language. Here the term "language" is used in a technical sense: call L an "I-language"—"I" to suggest internal and individual, and also intensional, in that L is a specific procedure that generates infinitely many expressions of L ... The part of science of human nature that concerns itself with FL, the state it assumes, and the expressions these I-languages generate, we could call "I-linguistics" ....　　(ibid.: 169)

(22)　「自然言語の意味論」としばしば呼ばれるもの] は統語論の一部とみなされてよいだろう.

注8：特定の人物を指すわけではありません.「任意の個人の」の意.

注9：LF は最初の状態から経験に接することにより次々に状態が変わっていくのです.

[What is often called "natural-language semantics"]
can be regarded as part of syntax. 　　　　(ibid.: 174)

またマギルヴレイは Chomsky (2012) の中でチョムスキー
の考えを次のように解説しています.

(23)　内在的意味論は統語論の型を取ることが可能であ
　　　り，またその型を取るべきである … 内在的意味論
　　　を進めようとする努力が単語と文の意味に焦点を当
　　　てるにせよ，あるいは談話に焦点を当てるにせよ，
　　　その焦点の向かう先は記号とその使用の潜在力で
　　　あって，個人が自分が真と考えることを指示し，そ
　　　れについて何かを発話するときの実際の使用に向か
　　　うのではない.

　　　[I]nternalist semantics can and should be seen as a
　　　form of syntax … Whether internalist semantic ef-
　　　forts focus on the meanings of words and sentences,
　　　or on discourse …, the focus … is on the symbols
　　　and their potential for employment, not on their ac-
　　　tual use by a person on an occasion to refer and say
　　　something that he or she holds true.

　　　　　　　　　　　　　　　(Chomsky (2012: 207))

　さて，このあたりで疑問が生ずるかもしれません.「な
るほど. 生成文法が内在主義を唱えていることは判った
が，内在主義意味論はどの程度進んでいるのか？ "チョム
スキー著『意味論』"といった本は出ていないようだが」と
いう疑問です. たしかに内在主義意味論は著書になるまで
に十分な量の成果は上げていません. けれども外在主義の
意味論ははたしてどれだけの成果をあげたのでしょうか.
日常言語学派の誕生から数えて一世紀も経った今となって
も，外在主義意味論が挙げ得た成果はほとんど無価値で
あったと言ってもいいでしょう. 前提が誤っていたため,

多くの学者の時間・努力にもかかわらず成果が上がらな
かったとみるべきです．内在主義意味論はまだ入り口が紹
介されただけの段階です．この理論の発展は，チョムス
キーより若い世代によって築かれるべきものだと考えられ
るべきです．我が国においては，たとえば西山佑司（近刊）
『意味論における内在主義と外在主義』（開拓社）に代表さ
れる研鑽に期待しましょう．

● 参考文献

Berwick, Robert and Noam Chomsky (2016) *Why Only Us: Language and Evolution*, MIT Press, Cambridge, MA.

Blakemore, Diane (2002) *Relevance and Linguistic Meaning: The Semantics and Pragmatics of Discourse Markers*, Cambridge University Press, Cambridge.

Carston, Robyn (1999) "The Relationship between Generative Grammar and (Relevance-theoretic) Pragmatics," *UCL Working Papers in Linguistics* 11, 21-39.

Carston, Robyn (2002) "The Heterogeneity of Procedural Meaning," *Lingua* 175-176, 154-166

Carston, Robyn (forthcoming) Lexical Innovation, Word Meaning and the Lexicon.

Chomsky, Noam (1957) *Syntactic Structures*, Mouton, The Hague.

Chomsky, Noam (1975) *The Logical Structure of Linguistic Theory*, Plenum Press, New York.

Chomsky, Noam (1980) *Rules and Representations*, Columbia University Press, New York.

Chomsky, Noam (1986) *Knowledge of Language: Its Nature, Origin, and Use*, Praeger, New York.

Chomsky, Noam (1995) "Language and Nature," *Mind* 104(413), 1-81.

Chomsky, Noam (2012) *The Science of Language: Interviews with James McGilvray*, Cambridge University Press, Cambridge.

Hauser, Marc, Noam Chomsky and Tecumseh Fitch (2002) "The Faculty of Language: What Is It, Who Has It, and How Did It Evolve?" *Science* 298, 1569-1579.

Schiffrin, Deborah (1994) *Approaches to Discourse*, Blackwell, Oxford.

Scott-Phillips, Thomas C. (2015) *Speaking Our Minds: Why Human Communication Is Different, and How Language Evolved to Make It Special*, Palgrave Macmillan, Basingstoke.

Smith, Neil (2000) *Language, Bananas and Bonobos Linguistic Problem, Puzzles and Polemicss,* Blackwelll, Oxford. [今井邦彦（訳）(2003)『ことばから心をみる ── 言語学をめぐる二十話』岩波書店.]

Sperber, Dan and Deirdre Wilson (1986, 1995²) *Relevance: Communication and Cognition,* Blackwell, Oxford.

Stemmer, Brigitte (1999) "An On-line Interview with Noam Chomsky: On the Nature of Pragmatics and Related Issues," *Brain and Language* 68(3), 393-401.

Wilson, Deirdre (2011) "The Conceptual-procedral Distinction: Past, Present and Future," *Procedural Meaning: Problems and Perspectives,* ed. by Victoria Escandell-Vidal, Manual Leonetti and Aoife Ahern, 3-31, Emerald Group Publishing, Bingley.

第11章 言語科学とは

● 科学とは：研究対象の決定と研究法の選択

　言語科学とは何かを述べる前に科学一般とは何かを考えてみましょう．科学が始まるきっかけは，人間が，何らかの不可思議なもの・ことに興味を抱いた瞬間にあると言えます．もちろんその興味がすぐに消えてしまうような程度のものであったら，科学は始まりませんが，次の段階として「このもの・ことを詳しく究めよう」という決意が抱かれたなら，つまり研究対象が決定したなら，その分野の科学が始まったと見るべきでしょう．

　科学の誕生にとってのもう1つの不可欠な要素は，研究対象にどのような方面からどのような方法で迫るかが決まること，つまり研究法の選択です．科学研究法を大別すると，「解釈論的方法」と「演繹法則的説明法」に分かれます．

　解釈論（hermeneutics または Verstehen method）」とは，「人間の行うことは，すべて人々の意思・意欲に基づくものであるから，これを説明するということは，そうした意思・意欲を明らかにすることである」とする方法論です．

　(1) は，ある時期（第2次世界大戦前から大戦終了後10年ほど）まで日本の英語学・言語学に大きな影響を及ぼしたイェスペルセン（Otto Jespersen, 1860-1943）の著書 Jespersen (1924) からの要約的引用で，これを見る限り，イェスペルセンは典型的な解釈論的研究者であるかに思えます．

　(1)　言語の本質は話し手と聞き手という人間の活動にある．言語の本質を理解し，文法において扱われるべ

158

き言語の側面を理解しようとするのであれば，話し手と聞き手および両者の関係が見失われるようなことは決してあってはならない．

ところが，Chomsky (1986) の中でチョムスキーは (2) のような言明をしているのです．

(2) オットー・イェスペルセンの考えに従うと，話し手の脳の中には「（言語）構造に関する知識・概念」のようなものがあり，「その知識は話し手に彼自身の文を作りだすことを指導するに足る確定性を持っており」，そうした文の中には，とりわけ，話し手にとっても他の人々にとっても，それまでに接したことのない"お初の表現"が含まれている．この「構造に関する知識・概念」を「内在化された言語」（I 言語）と呼ぼう．

[Otto Jespersen] held that there is some "notion of structure" in the mind of the speaker "which is definite enough to guide him in framing sentences of his own," in particular, "free expressions" that may be new to the speaker and to others. Let us refer to this "notion of structure" as an "internalized language" (I-language). (pp. 21-22)

イェスペルセンの「構造に関する知識・概念」は，まさしく，第 10 章で述べたチョムスキーの生成文法の出発点である「言語知識」ですし，Jespersen (1924) には「かつては，語やその他の形式が，あたかも客観的に存在する事物のように扱われたが，この考え方は根本的に誤っている」という言明もあり，これまたまさしく，生成文法の「反外在主義」に一致しています．イェスペルセンには解釈論的素地の中に内在主義的・演繹法則的説明論的考えが芽生えていた，ということになりましょう．

　解釈論は，社会学・史学などでは，中心的な役割を演じ
ていると言っていいでしょう．またある時期まで，ことば
に関係したことを研究する学問にはもっぱら解釈論が適し
ており，次項で述べる「演繹法則的説明法」は，物理学，
天文学などの「自然科学」にのみに用いられる，と考えら
れていました．けれども，生成文法によってチョムスキー
が行ったのは，まさに言語の本質を演繹法則的方法によっ
て明らかにしようということだったのです．
　とは言っても，チョムスキー的接近法に反対し，言語研
究には解釈論が適しているという主張は，少なくとも
1980 年代までは残っていました．^(注1)(3) は Moore and
Carling (1982) からの引用（要旨）です．

注1：次章で扱う生成
文法反対論は，必ずし
も解釈論擁護ではあり
ません．

(3)　チョムスキーにおいては，言語の本質を究めようと
　　する意欲よりも，方法論に関する興味の方が先行し
　　ていた．だから演繹法則的方式に比較的なじみやす
　　い形式面に専念しているのである．

これはこの二人の研究者が，科学にとって方法論がいかに
大事であるかを理解していないために発した言明であると
のみ言っておきましょう．彼らのこの発言の根拠となって
いる (4) もかなり時代遅れのものです．

(4)　ノースロップ (Northrop (1959)) によれば科学には
　　3 つの発展段階があり，それぞれの段階に応じた方
　　法論がある．第 1 は考究対象が何かを明確にする
　　段階，第 2 は考究対象を分析するためのデータ収
　　集の博物学的段階，第 3 は現象を説明する抽象的
　　原理の探求を行う，演繹法則的説明が可能な段階で
　　ある．言語研究は目下第 2 段階にあり，チョムス
　　キーの演繹法則的接近の導入は時期尚早である．
　　（同書 pp. 3-4；要旨）

ノースロップの説には少なくとも 2 つの不備があります．

1 つは，3 段階なるものがこの順序で起こるかのように示
唆されている点です．生成文法の場合，第 2 段階よりも
第 3 段階のほうが先に来ていますね．もう 1 つの不備は，
第 3 段階に進めば，もはや第 2 段階のデータ収集は終わ
り，という印象を与えることです．次の項で述べる演繹法
則的説明法が最も活躍する物理学では，実験・観察はもう
必要ないのでしょうか？　答えが否であることはスーパー・
カミオカンデの存在や，各国がより高性能な天体望遠鏡の
製作を企画している事実を見れば明らかです．

● 帰納と演繹

　演繹法則的説明について述べる前置きとして帰納（in-
duction）と演繹（deduction）との違いを確認しておきま
しょう．

　帰納は，例えば，

(5)　花子は松前漬けが嫌いだ：雪子は松前漬けが嫌い
　　　だ：　月子は松前漬けが嫌いだ：友恵は松前漬けが
　　　好きだ：美穂も松前漬けが好きだ．

という事実を前提として，

(6)　名前に「子」が付く女性は松前漬けが嫌いだ．

という結論を下す推理・判断です．(6) という結論には
(5) という前提に含まれていない内容が含まれています
ね．一般に，帰納的推論では結論が前提に含まれていない
内容を含んでいる点，情報量は増えるのです．その代り帰
納では，前提が正しくても結論が正しいとは限りません．
帰納によって得られる結論は，必然性ではなく可能性
（possibility）ないし蓋然性（probability）なわけです．可
能性にはもちろん高い低いがあって，風邪を引いた異性と
野外で 20 分間キスする方が，その異性と同じ部屋に 10
分間いるより風邪を伝染される可能性は低い，などとよく

言われますね．(6) という結論は，和子さんという松前漬
け大好き人間が現れれば，たちどころに間違いであること
がわかります．この例だけ見ると帰納は何とも頼りない推
論・判断に見えるでしょうが，結論がもう少し長続きする
帰納的判断もあります．ヨーロッパや東洋に棲息する
swan（白鳥）はすべて羽毛が白いですね．そこで「すべて
の swan は白い」は大昔から長いこと真実だと思われてい
ました．ところが 1697 年オーストラリアで白い swan と
同じくカモ目カモ科ハクチョウ属に分類される黒い鳥が発
見され，英語ではこの鳥は black swan と名付けられまし
た．これにより「すべての swan は白い」は誤りであるこ
とが分かったわけです．（日本語ではまさかクロハクチョ
ウとも呼べないからコクチョウ（黒鳥）と呼んでいます．
日本語の「すべてのハクチョウは白い」は依然として正し
いと言えるかもしれません.)

　科学の中で帰納は，例えば医療行為を行う判断の基礎と
して用いられます．例えば，ある病気と診断された患者が
2000 人いたとします．この 2000 人をランダムに 1000 人
ずつ A 群と B 群にわけ，A 群には薬 X を投与し，B 群
にはプラシーボ（偽薬）を投与したところ，A 群では
1000 人中 900 人に症状の改善が見られ，B 群では 1000
人中 85 人に症状の改善が見られたとしましょう．すると
このことから，

(7)　薬 X は，同じ病に罹ったこの新患者にも治療効果
　　を持つ蓋然性が高い．

という結論が得られ，費用，副作用その他の点で安全性が
認められれば薬 X は広く使われることになります．
　つづいて演繹的判断を見ていきましょう．論理学の教科
書などでおなじみの例を挙げます．

(8) 人間はすべて命に限りがある.
　　ソクラテスは人間である.
　　∴ソクラテスは命に限りがある.

帰納的判断と違って，演繹的判断は，それを行っても情報
量は増えません．結論の内容はすべて前提に含まれている
からです．その代わり，前提が正しいとする限り結論は必
ず正しいというタイプの推論です．(8) を記号論理学の式
として書くと (9) となります．

(9) $(\forall x)\{Hx \rightarrow Mx\}$
　　Hs
　　∴Ms

∀は「全称記号」と言って，$(\forall x)\{……\}$ は「すべての x
について，$\{……\}$ が成り立つ」を示します．→ は「も
し … ならば …… である」という意味の記号です．H を
「人間である」，M を「命に限りがある」という述語としま
す．s は個体，この場合はソクラテスを表すとしましょう．
　(9) はもっと一般的には (10) として表されます．

(10) $(\forall x)\{Fx \rightarrow Gx\}$
　　Fa
　　∴Ga

(10) の第 1 行は「すべての x について，それが F という
性質を持っているならば，それは必ず G という性質をも
つ」を表し，第 2 行は「a という個体は F という性質を持
つ」ということ，第 3 行は「ゆえに a は必然的に G とい
う性質を持つ」むねを表現しています．
　次の演繹的推論はどうでしょうか？

(11) $(\forall x)\{AM(x) \rightarrow L(x, cbh)\}$
　　$\neg L(jn, cbh)$
　　∴¬AMjn

AM … は「… はアメリカ人である」, L … は「… が好き
である」という述語ということにしましょう. ¬ は「… は
間違っている」を表す記号です. また jn はジョンという
人物, cbh は食べ物コンビーフハッシュということにしま
す. すると (11) の第 1 行は「すべての x について, x が
アメリカ人ならばコンビーフハッシュが好物である」, 第
2 行は「ジョンはコンビーフハッシュが好物でない」, 第 3
行は「ゆえにジョンはアメリカ人ではない」の意味になり
ますね. これは事実関係に照らすと妙に思えるかもしれま
せん. 日本人の中にも刺身や寿司が嫌いな人がいるよう
に, アメリカ人の中にもコンビーフハッシュが嫌いな人は
いるはずです. けれども演繹的推論の特徴は「前提が正し
い限りにおいて結論は正しい」という性質を持った推論な
のです. (8) (= (9)) の前提にはたまたま反例がないだけ
で, (11) の前提 (特に第 1 行) には反例があるはずであっ
ても, それが正しい限りにおいて (11) は論理学上妥当な
推論なのです.

　帰納的判断の結論は, (7) に見るように可能性・蓋然性
です. けれども演繹的判断では「前提が正しい限りにおい
て結論は正し」くなければいけないので, 例えば帰納的判
断 (7) の場合に薬 X が効かない患者がいても「時に反例
無きにしも非ず」^(注2) と落ち着いていられるのと事情は違
います.

● 演繹法則的説明法 (deductive-nomological expla-nation)

　説明法とは「**理論 (theory)**」と言い換えられますね. 「理
論」を辞書などで引きますと, 理論とは「複雑多岐な現象
を法則的・統一的に説明する体系的知識である」といった
定義にお目に掛かります. 1 つの科学が説明の究極的対象は
人間の認知能力を遙かに超えた膨大な要素とその関係を含
みます. それらをすべて最初から相手にしようというのは

注 2：昭和一桁生まれ
の筆者の場合, 駄洒落
にも老齢が出てしまい
ます. 南北朝時代, 捕
らわれの後醍醐天皇を
お助けしようと願った
児島高徳 (こうとく) という忠臣
が, 自分の志を示すた
め桜の幹に書いたとい
う詩句が次です.
「天勾践 (こうせん) を空しうする
莫れ時に范蠡 (はんれい) 無きにし
も非ず」

とても無理です．ある科学を打ち立てようとするには，まず「狭い入口」を探しだし，複雑な現実をどうやって理解しやすい原理や法則などとして単純化するかが理論の役割なのです．これは解釈論的推論にもある程度は求められますが，演繹法則的説明には絶対的条件です．前者では「これこれの条件下では，しかじかの現象が起こる傾向がある」という "疑似法則" を立てることが許されますが，後者では「これこれの条件下では，しかじかの現象が必ず起こる」でなければならないのです．チョムスキーが簡潔性（simplicity）ということをしばしば口にしているのは，まず第一に，言語の自然科学的研究には「入口の狭さ」が必須と考えているからにほかなりません．落下速度の法則を究めるために，もしガリレオが，風の強い日弱い日，風向きの変わり易い日等々多くの条件下での物体の落下を説明しようとしたならば，彼は後世に名を残すことはなかったでしょう．当時地表では実現する技術のなかった真空での落下という抽象的，簡潔な「入口」を選んだからガリレオは成功したのです．

◆ 被説明項と説明項

　演繹法則的説明法は，「被説明項」と「説明項」から成っています．被説明項とは説明されるべきことがらで，それを説明する説明項は「一般法則」と「先行条件」に照らして説明を行います．被説明項として（12）を例にあげましょう．

(12)　熱湯の中に温度計を突っ込むと，水銀柱はいったん少し下降し，次いで急激に上昇する．なぜか．

一般法則として（13）が考えられます．

(13)　いかなる物体にせよ，それがある種の物質 A（ガラスはそれに含まれる）で作られた管と部分的にそれ

天は勾践を見捨てない，時がくれば范蠡のような忠臣が出て助けてくれる．《勾践は中国春秋時代の越の王．范蠡は呉に敗れた勾践を助け，呉を滅した忠臣》

　これは第二次大戦終了前の小学校「修身」の教科書に載り，詩句は文部省唱歌となりました．

を満たしている別種の物質 B（水銀はそれに含まれ
る）からなっており，A の熱伝導率は比較的低く，
かつ B の膨張係数は A のそれよりもはるかに高い
場合，その物体が熱湯に突っ込まれれば（(10) の
F(x) → に相当）物質 B はいったん高さが低くなり，
次いで急激に上昇する（(10) の G(x) に相当）.

そして先行条件は (14) です.

(14)　水銀で部分的に満たされたガラス管である温度計が
　　　熱湯の中に突っ込まれた（(10) の F(a) に相当）.

そして (13) と (14) を前提とした演繹的推論から得られ
る結論 (15) が被説明項 (12) への回答ということになる
わけです.

(15)　よって温度計の水銀柱はいったん少し低くなり，次
　　　いで急激に上昇する（(10) の G(a) に相当）.

　演繹法則的説明法は以前は自然科学（その代表格が物理
学）の専有物のように考えられ，人文科学である言語学に
はなじまない，と思われていました. けれども，上述の通
り生成文法の始祖チョムスキーが選択したのは，まさしく
演繹法則的説明法だったのです. 生成文法には

(16) a.　普遍文法の原理・個別文法の制約にまったく抵
　　　　　触しない単語連続は文である
　　 b.　普遍文法の原理・個別文法の制約のいずれかに
　　　　　抵触する単語連続は文ではない.

という一般法則があると言っていいでしょう. これに照ら
せば，例えば (17a) が文であるのに対し，(17b) が文で
はない（* では非文法的であるという印です）ことが演繹
的に説明されます.

(17) a.　Who might he think has done what?

　　b.　*What might he think who has done?

どちらも疑問詞（下線を施してあります）を 2 つ含んだ
「多重 wh 疑問文」ですが, (17a) は (16a) に合致するの
で文法的であるのに対し, (17b) は「直近誘引原理」その
他に抵触するので (16b) に相当してしまい, 非文法的と
なるのです. 直近誘引原理とは,

(18)　ある種の構成素を誘引する主要部は, 該当する種類
　　　の直近の構成素を誘引する.

のように示される原理ですが, ここでは詳細を述べませ
ん. (18) の「主要部」とは「文頭」を意味すると解してく
ださい. また (19) の「問い返し疑問文」にある who と
what のうち, 「直近」の疑問詞は who であることを確認
してくだされればそれで結構です.

(19)　He might think who has done what?

◆ アブダクション
　科学の中で何らかの説明原理を求めようとする場合, い
くら資料が豊富にあり, その資料を演繹または帰納どちら
の推論法を用いて整理したところで, 原理は生まれてきま
せん. 演繹は, 前提が明らかに真であることが判っていな
ければ行っても無駄ですし, 帰納のほうも, それまでの経
験を超えることは不可能に近いので, やはり新原理導入に
は役立ちません. 演繹法則的説明法が, 新しい説明原理
を発見するには, もう 1 つの推論法「アブダクション (ab-
duction)」を必要とするのです. アブダクションは (20)
のような形式をとっています.

(20)　i.　ある不可解な事実・現象 C がある.
　　　ii.　しかしもし A が真であるとすると, C は少しも
　　　　　不可解でなく, 当然のこととなる.

iii.　よって A を真と考えるべき理由がある.

1947 年湯川秀樹博士が日本人初のノーベル賞を受賞し, 敗戦 (1945 年) で打ちひしがれた日本国民を大いに勇気づけました. 1934 年に湯川博士は「中間子説」という理論を発表しました. それまでの物理学では, 陽子と中性子がどうして強く結びついているのかが謎でした. この謎が (20i) に相当します. そこで湯川は中間子という素粒子が存在し, これが陽子と中性子の間をいわば行ったり来たりして両者を結びつけているのだという仮説を立てました. この仮説が真であれば陽子と中性子の強い結びつきは謎でなくなります. これが (20ii) に当たります. そこで中間子説が真であると考えるべき理由がある. これが (20iii) に相当しますね.

　ケプラー (Johannes Kepler, 1571-1630) の法則という, 惑星運動に関する 3 法則がありますね. 地動説はコペルニクス (Nicolaus Copernicus, 1473-1543) によって唱道されてはいましたが, これによる惑星運動の説明は天動説によるそれよりも優れたものではありませんでした. 特に, ブラーエ (Tycho Brahe, 1546-1601) が集めた膨大な惑星運動の観察データには依然として多くの謎が残されていたのです. これはコペルニクスの説が天体運動の軌道を真円であるとする古代以来の考えをそのまま保っていたからなのです. これに対しケプラーの 3 法則は, 天体運動の軌道を楕円とする仮説を含んでいました. これによってブラーエのデータの謎は謎でなくなりました. ここに, 「データを飛び越した仮説設定」, つまりアブダクションの強みがあるわけです.

　(20) を論理形式で書いてみると (21) のようになります.

(21)　i.　C

　　　ii.　<u>A → C</u>

　　　iii.　∴ A

(21) は論理学では「後件肯定の誤り」と呼ばれ，妥当な推論ではありません．第 1 行の C を「道路がぬれている」とし，第 2 行 A → C を「雨が降ると道路がぬれる」としてみてください．この 2 つの前提から第 3 行の「雨が降っている」という結論は必然的には出てきませんね．散水車が通った直後かもしれないし，水道管が破裂したのかもしれません．だから (20iii) は「よって A は真である」ではなくて，「真とすべき理由がある」と言っているわけです．アブダクションを用いる説明法の強みは，もし仮説 A が説明力不足なら，A′，それでも不足なら A″，A″ でも駄目なら A‴ というふうに，仮説を次々に修正・改廃していくことによって，真理により近づく可能性を持っている点にあるのです．

◆ 反証可能性

　人間の身の回りにはいろいろ不思議なことがあります．昔の人にとっては，夜と昼の別があり，地球の多くの地域で明白な四季の移り変わりがあることも，不思議なことでした．これを「神様が世の中をそのようにお作りになったから」と考えている限り，科学は生まれません．不思議さはどのような原因から来ているのかを調べる営みから，天文学や気象学という科学が生まれたわけです．菅原道真が左遷の失意の中で没してまもなく，御所・清涼殿が落雷で燃え，政敵・藤原時平や同家の人たちが次々と若死にし，後醍醐天皇を始め皇族も何人かお隠れになりました．朝廷・藤原氏は道真の怨霊が仇をなしていると恐れ，道真に位を追贈したり，北野天満宮を立てたりしました．凶事の原因を道真の怨霊の祟りに求めたのは，アブダクションの一種とも言えますが，怨霊のようなものが反証不可能であることは当時の人には判らなかったにせよ，反証できないものに原因を求めたのですから，ここから科学は生まれませんね．

　道真の時代にくらべればはるか最近に至るまで，「物が
燃える」ということは，フロジストンという物質がその物
から抜け出ていく過程であるとされていました．18 世紀
末にラヴォアジェが酸化説を唱えても，フロジストン説支
持者は 19 世紀初めにも少数ながらいたと言います．燃え
た金属片が燃焼以前よりも重量が増えることはわかってい
たのですが，フロジストン説支持者は「それはフロジスト
ンにはマイナスの重さがあって，それが抜けだせば金属片
の重さが増えるのは当然である」という，リクツとしては
実に優れた，そして今日聞けば楽しい反論の仕方をしまし
た．

　フロジストン説は間違ってはいたものの，非科学的な説
ではなかったと言えます．それはこの説が「反証すること
が可能な」形式を持っていたからです．これが神様の思し
召しや誰それの怨霊に原因を求める説との違いですね．科
学には常に「反証可能性 (falsifiability)」が求められるの
です．

　さて実際に反証が出たらどうするのでしょう？　上で述
べたとおり，新しい仮説を立てるのです．それまでの仮説
の下での「謎」も反証の中に含めるならば，湯川博士の中
間子説，ケプラーの 3 法則も，そしてラヴォアジェの酸
化説も，いずれも「新しい仮説」だったわけです．つまり，
「反証される」ということは「新しく，より良い仮説」，つ
まりそれまでの仮説で説明できたことはすべて説明でき，
かつそれまでの仮説では説明できなかったことも説明でき
る仮説が現れる，ということになります．この考え方を明
確に述べたのがハンガリーの科学哲学者ラカトシュ (Imre
Lakatos, 1922–1974) で，彼は Lakatos (1978) のなかで，
仮説に反証が発見されたらその仮説は直ちに斥けられるべ
きであるとする考え方を「愚かな反証主義 (naïve falsifica-
tionism)」と呼び，次ページから述べる通りの「高級な反
証主義 (sophisticated falsificationism)」を推奨しました．

　科学において評価の対象となるべきものは個々の理論ではなく「一連の理論 (a series of theories)」だ，とラカトシュは言います．つまりかなりの時間的幅にまたがるさまざまな理論をひとまとめにして，その当否を判定すべきだというのです．このようにひとまとめにされた理論を 1 つの「研究プログラム (research programme)」と呼びます．

　研究プログラムというものは，ある時点では検証に耐えないことも，また反証の手続きが原則的にさえ存在しないことも，さらには明らかに反証例と思われるものにぶつかることもあります．けれども，それにもかかわらず，強引に，いわば図太く研究を進めていくうちに，究極的には理論的発展がみられ，より多く真理に近づくことが可能になった例は科学史上きわめて多いというのがラカトシュの見方です．

　ラカトシュの挙げている例の 1 つにイギリスの化学者プラウト (William Prout, 1785-1850) の原子量に関する仮説があります．プラウトはすべての原子は水素原子からなっており，したがってどの元素の原子量も（水素原子のそれを 1 とした場合）整数で表されるという趣旨の仮説を発表しました．これに対してベルギーの化学者スタース (Jean Servais Stas, 1813-1891) が精密に測定したところ，塩素の原子量は 35.5 でした．「愚かな反証主義」に従えばプラウトの仮説はこれでおしまいということになりますね．しかしラカトシュはこの事態を次のように見ました．

　プラウトの仮説をより精密に表現すると「すべての純粋な元素の原子量は水素のそれの整数倍である」となり，一方スタースの実験結果を厳密に解釈すれば「純粋な塩素と信じられる物質 X があり，この物質の原子量を測定したところ 35.5 であった」となります．つまり，もし物質 X が不純であったならこの実験結果は反証例とはなりえないわけです．スタースは当時の技術では可能な限りの化学的分離法を駆使して得られた物質 X を塩素と認定してその

原子量を測定したわけでした．ということは，この認定の
根拠として，つまり実験の基準として「ある特定の分離法
を一定の回数ほどこせば，その結果得られるものは純粋の
塩素である」という理論があったことを意味します．ス
タースの実験結果は，あくまでもこの理論を背景としたと
き意味を持ってくるわけです．となると，比較されるべき
はプラウトの理論とスタースの実験結果ではなくて，プラ
ウトの理論とスタースの実験の背後にある理論，つまり理
論対理論であることになります．事実プラウトは，自分の
仮説に反するかに見える事実があるのは，現在の技術で得
られるものが，まだ純粋な塩素でないからだ，と主張しま
した．そして前世紀のはじめになって同位元素なるものが
あることが分かりました．スタースの頃は元素の分離は化
学的にしか行えないと考えられていたのが，今や物理的方
法で分離できる元素の存在が確認されたのです．塩素には
同位元素が 2 つあります．同位元素ですから陽子の数は
どちらも同じで 17 個ですが，中性子は一方が 18，他方が
20，つまり原子量は一方が 35 で他は 37 ということにな
ります．自然状態では 2 つの同位元素の混合比は 75 対 25
なので，その平均値をとれば 35.5 となるのです．プラウ
トの仮説はスタースの（実験の背後にあった）理論よりも
真理に近かったことが，1 世紀ののちに判明したわけです．

　ラカトシュは，成功した研究プログラムの例として，
ニュートン力学の場合を挙げています．ニュートン力学は
当初から多くの反例や変則例をかかえていました．それに
もかかわらずニュートン説の信奉者たちは，ニュートン力
学の 3 法則と引力の法則を「修正を許さない堅固な核」と
して据え，さまざまな補助仮説を付加・補充してこの核を
防御しようと努めたのです．その結果，反例・変則例と見
えたものが，実はニュートン力学の「堅固な核」の裏付け
となるものであることが次々に立証されていった，という
のです．

　2011 年，ニュートリノが光より速く飛ぶという，「質量を持つ物質は光の速さを超えられない」という柱を含むアインシュタインの特殊相対性理論に矛盾する実験結果が国際研究グループ OPERA[注3] から出て，これが事実なら物理学を根底から揺るがす可能性があるため問題となりました．もちろんこの時点で特殊相対性理論が放棄されることはありえず，事実理論放棄は起こりませんでした．それのみならず，2012 年，上記の観察結果が誤っていたことが OPERA 自身によって公表されました．そして同年 7 月，京都で開催されたニュートリノ・宇宙物理国際会議で，CERN[注4] が，OPERA，ICARUS[注5]，Borexino[注6]，LVD[注7] による実験すべてにおいてニュートリノの速度が光のそれを超えていないことを確認したと公表[注8] しました．これ以降，CERN の公表内容に反する実験結果は報告されておらず，「ニュートリノ光速超越説」にまつわる活発な理論は展開されていない (Horváth (2016)) ようです．

　ここで明らかにしておきたいのは，かりに OPERA の観察結果がより信頼のおけるものであり，さらに他の実験グループによって同様の観測結果が続々と報告されとしても，それだけでは特殊相対性理論への反証とはならないという点です．もし反証されるとすれば，それはこれまで特殊相対性理論によってされたことをすべて証明でき，かつこれらの新発見事実をも証明できる新しい理論が構築された場合に限るのです．言い方を変えれば，理論を反証するのは実験や観察の結果ではなく，「より良い理論（＝より良い仮説）」なのです．これに関連して，注 8 に挙げた文書のアブストラクトにある「ある場合には，実験に生ずるこのように誤った結果が，科学の発展をうながすことがありうる」（"[I]n certain cases such false experimental discoveries can help the development of science."）ということばは実に示唆に富んでいます．[注9]

注 3：Oscillation Project with Emulsion-tRacking Apparatus.「写真乳剤飛跡検出装置によるニュートリノ振動検証プロジェクト」

注4：ここに始まる物理学界の情勢報告は，東京大学大学院理学系研究科化学専攻・山田佳奈氏の教示に基づくものです（筆者による記述の誤りが生じていたとしても，それは同氏の責任ではありません）．CERN: Conseil Européen pour la Recherche Nucléaire.「欧州合同原子核研究所」

注 5：Imaging Cosmic And Rare Underground Signals.（特定的日本語名はないようですが，しいて訳せば「宇宙由来希少信号画像地下検出装置」.）

注 6：Boron Solar Neutrino Experiment.「ホウ素太陽ニュートリノ検出実験」

注 7：Large Volume Detector.「大容積液体シンチレーション検出器」

◆ 方法論について

　言語とその働きというものは不思議な存在です．ある存在が不思議だと感じられる場合，それを前もってどのように把握するか，どのような方法論で迫るかを決めることにより，その営みは科学にも似而非科学にもなりうるのです．生成文法が登場する前のアメリカで支配的だった言語観は，構造言語学という理論でしたが，この理論は言語を，人間が生まれてから，ちょうどいろいろな習慣を身に付けるようにして習得するものとみなし，言語とは何かを明らかにするには，言語のデータを集め，それを分析していくべきであると考えました．構造言語学は音韻論（言語に用いるオトに関する理論）についてある程度まとまった理論を出すところまで進みましたが，統語論や意味論にはついに何の成果も出すことなく消えてしまいました．

　これに対して生成文法は，すでに触れたとおり，「人間がその母語を，教示・訓練その他を経ることなしに，容易に，かつ短時日に獲得できるのはなぜか？」という問いを発したのです．そしてアブダクションにより母語の容易な獲得を可能にしているものは，「言語獲得装置」，「言語知識の最初の段階」すなわち「普遍文法」であるとの推論を得，普遍文法の追究をその目的としました．普遍文法は人間の頭の中にあり，母語獲得という特定領域にのみ貢献する「装置」です．

　反証可能性を維持し，アブダクションを武器に考究を進める研究法，つまり演繹法則的説明法を約めて「経験科学」と呼びましょう．生成文法登場までアメリカの言語学界を支配していた構造言語学は，言語的資料を整理・分類していけば，やがて言語の本質が捉えられるという，分類主義的方法論に立脚していました．それに対し生成文法は，経験科学的方法論を選び，アブダクションによる仮説構築を次々に行いました．チョムスキーが「言語学革命の父」と呼ばれるのはこれゆえなのです．

注 8：LVD status report: neutrino physics. *Journal of Physics: Conference Series*, Dracos (2013), Bertolucci (2013) などが参考になります．

注 9：これと関連して興味深いのは，アインシュタインがほかでもない一般相対性理論の予測に対して最初は否定的であった，つまり自分の建てた理論の予言にいわば誤った見解を持ったとされる事実です．一般相対性理論を前提とすると，宇宙にはブラックホールや重力波が存在し，宇宙は膨張し続けることになるはずですが，アインシュタインは当初そのいずれにも反対し，のちにその誤りを悔いたと言います．（2021年 4 月 28 日読売新聞名古屋版，名古屋市科学館学芸員・山田吉孝氏執筆記事）

　ここでラカトシュの理論とある意味で関連を持つかに思
われる言明を挙げておきましょう.

(22)　物理学の中で最も驚くべき前進的飛躍の 1 つは,
　　　ニュートンが引力を機械的に説明する道を見出そう
　　　とする考えに（一時的ながら）見切りをつけること
　　　を余儀なくされた時に起こったのです … ニュート
　　　ンの … 2 つの天体間の引力は両者間の距離に反比
　　　例し, 両者の質量の積に正比例するという有名な公
　　　式は … 引力の説明にはなっていませんが, 引力の
　　　信頼するに足る記述となっています.「信頼するに
　　　足る」の意味は, その記述を基礎に予知が生ずる可
　　　能性があり, そこから新しい問題が誕生し得る, と
　　　いうことです. 予知と新問題の誕生を基礎にする以
　　　外に科学の理論を評価する道があるでしょうか?
　　　… 興味深いのは, 科学は, 説明に見切りをつけ,
　　　ものごとを記述する試みをするだけにした時に, 偉
　　　大な進歩を遂げるときがある, という点です.

　　　[O]ne of the most astonishing leaps forward in phys-
　　　ics happened when Newton was led to give up (tem-
　　　porarily) on the idea of finding a mechanical expla-
　　　nation for gravity, … His famous formula of the
　　　attraction between two bodies being inversely pro-
　　　portional to the square of the distance between them
　　　and directly proportional to the product of their
　　　masses doesn't … *explain* gravity … but provides a
　　　reliable description of it, where "reliable" means that
　　　predictions can be made on the basis of it, and new
　　　questions can be formulated. How can we evaluate a
　　　scientific theory other than on the basis of these two
　　　properties? … what is of interest is the fact that sci-
　　　ence can make great progress by giving up on expla-

nation and just trying to describe things.

(Moro (2016: 53))

モロはイタリアの脳科学者兼言語学者です．本章執筆者は
Moro（2016）訳本の訳者まえがきで「（この言明を聞くと）
安心と用心深さの両方が得られます」と書きました．本来
“文系”の人間である筆者は，物理・化学・生物学等の古
くからある自然科学からの学び方が不十分であるせいか，
ともすれば言語研究は説明だけを目的とし記述は二義的な
ものと見なしがちだからです．研究者たるもの，反証かも
しれない事実・現象に出逢ったら，また，説明に窮した
ら，どうすればいいのか？とりわけ「より良い仮説」など
というものはそう簡単に見つかるものではないし，「今は
説明を一時脇に置いて記述に専念してよい時期である」と
いう判断を下してよいのはどういう時なのか，などと考え
てしまいます．言語科学を含む自然科学の先端を歩む天才
には，筆者のような凡才とは違い，適切な時に適切な路が
拓けるのだろう，と思うしかありません．ガリレオはどう
して，地表に真空の箇所を設ける技術が未だない時代に，
物体落下の正則の条件に「真空」を選ぶことが可能だった
のか？外在主義の最中に言語研究を始めたチョムスキーが
内在主義の主導者となったのはなぜか？こうしたことは天
才にしか起こりえないのだ，と考えざるを得ません．

● 参考文献

Bertolucci, Sergio (2013) "Neutrino Speed: A Report on the V_μ Speed Measurements of the BOREXINO, ICARUS and LVD Experiments with the CNGS Beam," *Nuclear Physics B* 235–236, 289–295

Chomsky, Noam (1986) *Knowledge of Language: Its Nature, Origin and Use.* Praeger, New York.

Dezsö Horváth (2016) "Ultra-fast Neutrinos: What Can We Learn from a False Discovery?" *International Journal of Modern Physics A* 31(28 & 29).

Dracos, M. (2013) "Measurement of the Neutrino Velocity in OPERA Experiment,"

Nuclear Physics B 235-236, 283-288

Jespersen, Otto (1924) *The Philosophy of Grammar*, Allen & Unwin, London.

Lakatos, Imre (1978) *The Methodology of Scientific Research Programmes*, Cambridge University Press, Cambridge. [村上陽一郎ほか（訳）(1986)『方法の擁護——科学的研究プログラムの方法論』新曜社.]

Moore, Terence and Christine Carling (1982) *Understanding Language: Towards a Post-Chomskyan Linguistics*, Macmillan, London.

Moro, Andrea (2016) *I Speak, Therefore I Am: Seventeen Thoughts About Language*, Columbia University Press, New York. [今井邦彦（訳）(2021)『ことばをめぐる 17 の視点——人間言語は「雪の結晶」である』大修館書店.]

第12章　生成文法に対峙（？）する認知言語学

● 生成文法の言語創発観

　第10章で Berwick and Chomsky（2016）に簡単に触れ
ました．ここでは生成文法の「言語はどのようにして生ま
れたか」に関する考えを，同書を含め，いくつかの文献に
あたって幾分深く探ってみましょう．

　生物は皆，より単純な形態からより複雑な形態へと「進
化」してきました．だから人間言語もダーウィンの進化論
と同じような意味での進化により生まれたと考える人がい
ても不思議ではありません．しかしダーウィンの唱えた自
然選択は，非常に時間のかかる（何世代にもわたる微細な
変化の遺伝を必要とする）出来事です．ダーウィン自身が
言っています．

(1)　自然選択が働くのは，微少で切れめなしに継続する
　　　変化が利用できた時に限られる：自然選択は多大
　　　で急速な飛躍は起こせず，短期的だが確実な，ただ
　　　し緩徐な段階しか踏めないのだ．
　　　Natural selection acts only by taking advantage of
　　　slight successive variations; she can never take a
　　　great and sudden leap, but must advance by short
　　　and sure, though slow steps.　　（Darwin（1859: 162））

これに対して生成文法では，言語は自然選択ではなく，二
次適応によって生じたと主張している旨，第10章で指摘
しました．これについてまず Belhuis et al.（2014）から引
用しましょう．

(2)　進化というものは，しばしば，必然的に緩慢で漸増

的な過程，つまり，測り知れないほどの長年月に
亘って段階的に進展するものとみなされている．進
化による変化に関するこのような見解は現代の物証
や現代の我々の理解と相容れない．そうした物証・
理解においては，進化による変化は急速に数世代の
間に急速に作動するのである．

[E]volution is often seen as necessary a slow, incre-
mental process that unfolds *gradually over the eons*.
Such a view of evolutionary change is not consistent
with current evidence and our current understanding,
in which evolutionary change can be swift, operating
within just a few generations ...

(Belhuis et al. (2014: 3))

次は Berwick and Chomsky (2016) からです．

(3)　人間言語の進化についての最近の解釈は，どれも，
　　　従来のダーウィン的考えから偶発性を十二分に認め
　　　る現代版への移行を完全には把握していないように
　　　思える．

　　　[N]one of the recent accounts of human language
　　　evolution seem to have completely grasped the shift
　　　from conventional Darwinism to its *fully* stochastic
　　　modern version ...　　(Berwick and Chomsky (2016: 19))

ではなぜ言語は急速で確率論的な（＝自然選択ではない）
過程で生ずると考えられるのでしょうか．まず Hauser et
al. (2002) の見解を聞きましょう．

(4)　私たちは，FLN[注1]──再帰性という計算メカニズ
　　　ムを持った存在──が生まれたのは比較的新しいこ
　　　とであり，この存在は我々ヒトだけに備わっている
　　　旨を提唱する ... 言語機能というものは，我々ホモ・
　　　サピエンスが約 600 万年前にチンパンジーにも似

注1：第 10 章図 1 を参
照してください．

た共通の祖先から袂<ruby>袂<rt>たもと</rt></ruby>を分かった以降の時期という比較的最近に出現した人間特有の能力のうちのあるものに全面的に依存しているのだ.

[W]e suggest that FLN—the computational mechanism of recursion--is recently evolved and unique to our species...[T]he faculty of language as a whole relies on some uniquely human capacities that have evolved recently in the approximately 6 million years since our divergence from a chimpanzee-like common ancestor. 　　　(Hauser et al. (2002: 1573))

言語が生まれたということは，もっと具体的にはどういうことだったのでしょう．そしてどうして言語の誕生は急速でなければならなかったのでしょう？ Belhuis et al. (2014) は次のような考えを披露しています.

(5)　言語に必要な原形的「中枢装置」はホモ・サピエンスが登場するよりずっと前からほとんどすべて存在していたと推定されている … 言語の誕生にとって不可欠だったのは「併合 (merge)」だったのだ … 併合が登場すれば … 人間言語の基本的本質が出現する．そういう状態になれば，進化の分析も，この極めて細かく定義された人間独自の表現型的形質，すなわち「併合」を，言語の前身と現在の言語の状態をつなぐ主要な要素としてそこに焦点を当てることが可能になる．「併合」の出現という変化は比較的微小なものなので，言語出現の表現的急速さについて我々が知っていることとの調和が見いだせる.

[V]irtually all of the antecedent "machinery" for language is presumed to have been present long before the human species appeared … The only thing lacking for language would be *merge* … With *merge* … the basic properties of human language emerge.

Evolutionary analysis can thus be focused on this quite narrowly defined phenotypic property, *merge* itself, as the chief bridge between the ancestral and modern states for language. Since this change is relatively minor, it accords with what we know about the apparent rapidity of language's emergence.

(Belhuis et al. (2014: 5))

「併合」についての説明が必要ですね. (6) という文を例にとりましょう.

(6)　The spectators believe that Lena knows that Angela regrets that Allen loves polo.

終わりの loves polo という部分は英語の語彙項目（≒単語）の中から動詞である love と名詞である polo を組み合わせたものです. 一般に, 語彙項目等の中から 2 つの項目を組み合わせることを「併合」とよぶのだ, と理解してください. 名詞 polo は名詞句 (noun phrase; NP) でもあり, かつ決定詞句 (determiner phrase; DP) を構成しています ((6) の The spectators の the は決定詞です). 動詞のうちあるあるもの (love はそのうちに含まれます) は DP と組み合わされて動詞句 (verb phrase; VP) となります. そこで loves polo の部分は (7) の構造をしていることになります.

(7)　[$_{VP}$ [$_V$ loves] [$_{DP}$ [$_{NP}$ polo]]]

Allen は polo と同じように名詞・名詞句・決定詞句です. 決定詞句は動詞句と併合されて新しい組み合わせを作ります. 併合の対象は語彙項目だけではなくて, 併合によって出来上がった組み合わせも含むのです. 決定詞句 Allen は動詞句 (7) と併合して (8) となります.

(8)　[$_{VP}$ [$_{DP}$ [$_{NP}$ Allen] [$_{VP}$ [$_V$ loves] [$_{DP}$ [$_{NP}$ polo]]]]]

これが Allen loves polo. という文の構成ですね. (8) を動詞 regret と併合して (9) を作り,

(9)　[$_{VP}$ [$_V$ regrets] [$_{VP}$ [$_{DP}$ [$_{NP}$ Allen] [$_{VP}$ [$_V$ loves] [$_{DP}$ [$_{NP}$ polo]]]]]]

さらに (9) を DP Angela と併合すれば,

(10)　[$_{VP}$ [$_{DP}$ Angela] [$_{VP}$ [$_V$ regrets] [$_{VP}$ [$_{DP}$ [$_{NP}$ Allen] [$_{VP}$ [$_V$ loves] [$_{DP}$ [$_{NP}$ polo]]]]]]]

つまり Angela regrets that Allen loves polo. が出来上がります. (10) を動詞 know と併合し, その結果を DP Lena と併合すれば (11), それをさらに動詞 believe と併合, その結果を DP the spectators と併合すれば (12) (つまり (6)) の文の構造が出来上がるわけです.

(11)　Lena knows that Angela regrets that Allen loves polo.

(12)　The spectators believe that Lena knows that Angela regrets that Allen loves polo.

併合とはこのように, 語彙項目や併合によって出来上がった構造から 2 つの要素を選んで結び合わせる過程で, 何遍でも繰り返し行えます. 併合が再帰的 (recursive) であると言われるのはこのためです. 例えば (12) は, Miranda says her father is sure that ... などと併合すれば. 無限に長い文となりえます. 併合はどの自然言語にも見られますから, 第 1 章に書いたとおり, 日本語でも, 無限に長い文, 無限の数の文が生成可能なのです. 併合についてのより詳しい情報は, Chomsky (1995), 外池 (1998) から得てください.

　次の引用は, ホモサピエンスに他の生物にはない特質を与えたものは言語の出現であり, それは「二次適応」によるものであることを強く示唆しています.

(13) 我々をネアンデルタールから引き離し，それまで越えたことのない海域をためらいなく渉^{わた}り切ってアフリカを後にし，やがてほんの数万年のうちに地球上の各地に仮借なく拡がるという業^{わざ}に鼓舞・誘発した何かがあったに違いない．それは何だったのだろうか？

　　ペーブー^(注2)は特に，現代の象徴的行動に見られる比喩的な絵画彫刻やその他の策略がネアンデルタールには欠けていた点を指摘している … どうやら我々の祖先はアフリカを離れた時点でその "あるもの" を持っていたものと思われる．その "あるもの" とは言語であったのだ，と我々は推測するのだ … 道具使用の始まりとか，火の利用，退避施設，あるいは比喩的絵画彫刻といった新機軸に関しては，我々はいかなる種類の「漸進性」にも遭遇していない．火の統制された使用は約百万年前に始まっているが，上記 "あるもの" の出現はホモ・エルガステル^(注3)出現から優に 50 万年もかかっている．タタソール^(注4)は次のように指摘している．すなわち，この革新的急転に先立つ典型的停滞は「二次適応」という概念に一致している，と．つまり，自然適応による進化は，常に，すでに存在する諸特性を新しい用途に合併吸収する，というのである．何らかの特性が将来役に立つなどという「予知」はあり得ない．革新は，したがって，それが究極的に選択される機能とは無関係に成立するのだ．

[S]omething must have set us apart from the Neandertals, to prompt the relentless spread of our species who had never crossed open water up and out of Africa and then on across the entire planet in just a few tens of thousands of years. What was it?

　… Pääbo singles out the lack of figurative art and

注 2：Svante Pääbo [svánte pé:bʊ] スウェーデンの進化遺伝学者．

注 3：Homo ergaster. 最初期のヒト属．ホモ・エレクトスの一種であるとする説もありますが，別種とする説の方が強いようです．

注 4：Ian Tattersall (1945-) アメリカの古人類学者．

other trappings of modern symbolic behavior in Neandertals ... Evidently our ancestors moving out of Africa already had "it," and the "it," we suspect... was language ...

What we do not see is any kind of "gradualism" in new tool technologies or innovations like fire, shelters, or figurative art. While controlled use of fire appears approximately one million years ago, this is a full half-million years after the emergence of *Homo ergaster*. Tattersall points out that this typical pattern of stasis followed by innovative jumps is consistent with the notion of "exaptation"—that is, evolution by natural selection always co-opts existing traits for new uses; there cannot be any "foreknowledge" that a particular trait would be useful in the future. Innovations therefore arise independently of the functions that they will be eventually selected for.

(Berwick and Chomsky (2016: 38–39))

科学の出発点では「狭い入口」が必要だ，ということを前章で述べました．言うまでもなく，この「簡潔性」は研究の目標についても不可欠です．できる限り簡潔な仮説・前提に基づいてすべての事象を説明することが科学の目標なのですから．ということは研究途上の段階，言ってみれば「中間的目標」についてももちろん言えます．次の引用の最後のセンテンスを十分に心にとめておいてください．

(14)　［発生したのは］もちろん，個別言語ではなくて，言語を可能にする能力－すなわち普遍文法である．個別言語群は変化はするが，発生・進化はしない ... 普遍文法というものは，その中核においてはかなり単純なものであるに違いない．そうだとする

と，個別言語群の見かけ上の複雑性と多様性は，各言語共通の能力が発生した後に起こった変化から導出され，発生によって生じたのでは全くないシステムの末梢的な構成要素の中におそらく局在化したのだと考えられる … 1つの科学分野の中に複雑性と多様性があるかに見えるとき，それはきわめて多くの場合，理解の深さが十分でないことの反映に過ぎない．これはいささかも珍しくない現象なのだ．

[What has evolved] is, of course, not languages but rather the capacity for language—that is, UG. Languages change, but they do not evolve … UG … must be quite simple at its core. If so, then the apparent complexity and variety of languages must derive from changes since the shared capacity evolved, and is probably localized in peripheral components of the system that may not have evolved at all … [T]he appearance of complexity and diversity in a scientific field quite often simply reflects a lack of deeper understanding, a very familiar phenomenon.　　　(ibid.: 91-93)

● 認知言語学の性格

　認知言語学（cognitive linguistics）を語用論と呼ぶのは正確ではありません．この理論は，生成文法理論を否定し，それに代わるものを打ち立てようとしている言語理論です．しかし，関連性理論がいくつか生成文法に共通するものを持っている点からすると，認知言語学の性格を検討することは重要です．

　認知言語学は，その"おおもと"を辿ると，マコーリ（James McCawley, 1939-1999），ポウスタル（Paul Postal, 1936- ），レイコフ（George Lakoff, 1941- ）たちが師・チョムスキーに叛旗を翻して立ち上げた「生成意味論

(generative semantics)」に行き当たります．生成意味論と
は，簡単に言えば，生成文法の基底にある言語機能・言語
能力のモジュール説に異を唱え，言語の記述は意味構造か
ら出発すべきだ，という理論でした．この理論は比較的早
く力を失ってしまったのですが，レイコフは Lakoff (1987)
や Lakoff (1990)，Lakoff and Johnson (1980) などによっ
て認知言語学の端緒を開き，一方，ラニカー (Ronald
Langacker, 1942-) は Langacker (1986, 1987, 1991,
2008) 等によってこの理論の厳密な体系化を行いました．
フォコニエ (Gilles Fauconnier, 1944-)，トマセロ (Mi-
chael Tomasello, 1950-)，エヴァンズ (Vyvyan Evans,
1968-) らも，認知言語学の有力な代表者です．
　まず認知言語界の新鋭エヴァンズが，Lakoff (1990)
による「一般化確約」と「認知的確約」を，この理論の 2
つの根元的 "公約" として掲げていることを指摘しましょ
う．前者についてエヴァンズは次にように言っています．

(15)　一般化確約とは人間言語のすべての側面に適応する
　　　一般原理の特質を明らかにするという確約である．
　　　この目標は，最も広い一般化を達成しようという科
　　　学の標準的確約の特定の事例に過ぎない ....

　　　　一般化確約は言語知識のさまざまな側面が，人間
　　　の諸認知能力の共通の集合からどのようにして引き
　　　出されてくるかを考察するという確約であって，そ
　　　うした側面が頭脳の中の情報遮蔽的^(注5)なモジュー
　　　ルによって作り出されるとことを前提とするという
　　　趣旨の確約ではない．

　　　The Generalization Commitment represents a
　　　commitment to characterizing general principles that
　　　apply to all aspects of human language. This goal is
　　　just a special subcase of the standard commitment in
　　　science to seek the broadest generalizations possi-

注5：モジュールが情報遮蔽的であるということは，それが中央システムからの干渉なしで作動するものであることを指します．より詳しくは今井邦彦ほか訳『チョムスキーの言語理論』第 1 章 (p. 22 以降) で調べてください．

ble ....

　　[T]he Generalization Commitment represents a
commitment to investigating how the various aspects
of linguistic knowledge emerge from a common set
of human cognitive abilities upon which they draw,
rather than assuming that they are produced encap-
sulated modules of the mind.　　　　(Evans (2009: 48))

「人間言語のすべての側面に適応する一般原理の特質を明
らかにするという確約」とは驚きです．第11章で言語の
自然科学的研究では「入口の狭さ」が必須と考えられてい
る旨を学びましたね．ガリレオは「すべての環境に適応す
る落下の法則を明らかにする確約」などしたでしょうか？
「最も広い一般化を達成しようという標準的確約」をする
のは科学者ではありません．エヴァンズのことばは科学を
志す人の言とは考えられません．また認知的確約について
エヴァンズはそのサセックス大学の同僚グリーン (Melanie
Green) と共に次のようなことを述べています．

(16)　「認知的確約」が表明しているのは，言語構造の諸
　　　原理は人間の認知について他の学問領域，とりわけ
　　　認知諸科学（哲学，心理学，人工知能，そして脳科
　　　学）から得られる知識を反映したものでなければな
　　　らないという見解である … ことばを換えれば，認
　　　知的確約から当然のこととして結論されるのは，言
　　　語と言語的組織は一般的認知原理を反映したもので
　　　なければならず，言語の特定的な認知原理を反映し
　　　たものであってはならない，ということである．
　　　[T]he 'Cognitive Commitment' represents the view
　　　that the principles of linguistic structure should re-
　　　flect what is known about human cognition from
　　　other disciplines, particularly the other cognitive sci-
　　　ences (philosophy, psychology, artificial intelligence

and neuroscience). In other words, it follows from
the 'Cognitive Commitment' that language and lin-
guistic organization should reflect general cognitive
principles rather than cognitive principles that are
specific to language. (Evans and Green (2006: 40–41))

これもまた科学を志す人の言葉としては残念なものと言わ
ざるを得ません．言語構造の諸原理が反映すべきであると
いう他の学問領域からの知識とは，いったいどの時代の，
誰が築いた領域からの知識なのでしょうか？認知言語学が
構成しようとしている言語構造の諸原理は，そうした古
い，あるいは誤った他の学問領域の知識を超えることはあ
り得ないわけですね．言語を，これまでよりも進んだ形で
考究するためには，「言語の特定的な認知原理」を反映さ
せねばならないはずです．

　認知言語学もう1人の設立者　ラニカーの声を聞いてみ
ましょう．これは生成文法の唱える「言語の自律性」，生
成文法・関連性理論が共に支持する「モジュール説」に
真っ向から反対するものです．

(17)　認知文法 … と呼ばれるこの理論が前提としている
　　　のは，言語というものは自律的な存在ではなく，認
　　　知的な過程に本質的に依拠することなく記述できる
　　　ものではない，とする考えなのである．… 文法構
　　　造というものは自律的な形式体系を構成するもので
　　　はない … 辞書，形態論，そして統語論は体系的単
　　　位が一体化した連続体なのであって，それらが分離
　　　した複数の「構成要素」をなすと見なすのは恣意的
　　　な見方である．
　　　Called "cognitive grammar" … this method assumes
　　　that language is neither self-contained nor describ-
　　　able without essential reference to cognitive process-
　　　ing … Grammatical structures do not constitute an

autonomous formal system … Lexicon, morphology
and syntax form a continuum symbolic units divided
only arbitrarily into separate 'components'.

(Langacker (1986: 1))

つづいてフォコニエの言を聞いてください．これも「言語
の非自律性」の主張です．そしてフォコニエは生成文法の
比較的最近の進化発生生物学[注6]的傾向にも嘲笑的態度を
示しています．

(18) ［生成文法学者の声に耳を傾ければ］人間は生物学
　　　的に生得的な言語特有の普遍原理 [Evolutionary de-
　　　velopmental biology, 通称：evo-devo（イーヴォウ
　　　ディーヴォウ），すなわち，異なる生物の発生過程
　　　を比較してそれらの系統関係を推測し，発生過程が
　　　どのように進化したかを示す生物学的研究の分野]
　　　を備えており，そうした普遍原理は具体的実例に遭
　　　遇しても，最小の微調整しか必要としない，という
　　　答えが出される．… 普遍性は脳の中にあるのだか
　　　ら，それは遺伝子の中にもあるはずだ；言語学は理
　　　論的生物学なのだ：そして，人間の肉体が持つ実装
　　　に関する面については，遺伝学者と神経科学者が充
　　　填を行ってくれる，という次第である．
　　　　この奇妙で単純な所説には，それ自身の方法論と
　　　一般化がある．この理論にとって適切な方法論は言
　　　語学をどのように研究するか，[注7]であって … 一般
　　　化として通用しているのは，より範囲の広い現象お
　　　よび／または諸言語に適応可能な形式的原理なので
　　　ある．
　　　　この，極端に自律的な言語観とは対照的に，認知
　　　言語学は昔ながらの伝統を復活させた．この伝統に
　　　従えば，言語は意味を編み出し，それを伝達する役
　　　割を担っており，言語学者と認知科学者にとって，

注 6：evolutionary de-
velopmental biology,
evo-devo [ìːvəu díːvəu]
と略されます．分子生
物学的手法を用いて生
物の発生機構から進化
のしくみを解明しよう
とする分野を指しま
す．

注 7：これは，研究法
を重要視することがあ
たかも無意味な形式主
義であるような言い
方で，前章で触れた
Moore and Carling
(1982) 同様，科学に
おける研究法の大切さ
に対するフォコニエの
無理解を示していま
す．

言語とは精神・頭脳の中を知るための覗き窓の役を
果たしているのである.

[Humans] come equipped with innate language-spe-
cific universals, that require only minimal fine-tuning
when exposed to a particular specimen ... Since the
universals are in the brain, they must also be in the
genes; linguistics is theoretical biology; geneticists
and neuroscientists will fill in the messy details of
its implementation in our bodies.

This strange and simple story contains its own
methods and generalizations ... What counts as gen-
eralizations are the formal principles that apply to
wider ranges of phenomena and / or languages.

In contrast to this sharply autonomous view of
language structure, cognitive linguistics has resur-
rected an older tradition. In that tradition, language
is in the service of constructing and communicating
meaning, and it is for the linguist and cognitive sci-
entist window into the mind. (Fauconnier (2000: 1-2))

「昔ながらの伝統の復活」とは,この場合,(15)に見られ
る「言語は諸認知能力の共通の集合が引き出される」との
考えや,モジュール観の否定を指す,なげかわしい"先祖
がえり"です.

　次に日本の認知言語学者の間で人気の高いトマセロの主
張を見てみましょう.ヒトが言語を持つという点で他の動
物とは全く異なる,ということをトマセロは否定していま
せん.そのことだけとりあげればトマセロの(そして認知
言語学の)主張は生成文法のそれと変わりがないことにな
ります.しかしヒトがその独自性を持つ原因として生成文
法が人の脳内にある生得的な言語機能の存在を挙げている
のに対し,トマセロは,ヒトという種だけが持っている文

化伝播方式（species-unique modes of cultural transmission）によって誕生後にその独自性を獲得するからだ，と主張します．ですが，ヒトがそのような文化伝播方式を持っているとすれば，その原因はどこにあるのでしょう．生得的なのではないでしょうか？　それともまた別の伝播方式があるのでしょうか？　で，その伝播方式を人が持っている原因はさらにもう 1 つの伝播方式から …？

(19)　人類は自分たちの認知的資料を，他の生物がなしえない形で蓄積する能力を持っている．…［ヒトによる文化学習は］単一の極めて特殊な形式の社会的認知，すなわち各個人が自分たちと同種の生物を自分たちと同じように志向的で知的な生を持つ同族であると理解する能力によって可能になっているのである．

[H]uman beings are able to pool their cognitive resources in ways that other animal species are not ….
[Human cultural learning is] made possible by a single very special form of social cognition, namely, the ability of individual organisms to understand conspecifics as being *like themselves* who have intentional and mental lives like their own.

(Tomasello (1999: 5))

　ここで，認知言語学の「言語機能文化継承説」を直接に批判しているのではありませんが，実質的のそれに対する大いなる皮肉となっているイタリアの脳科学者・言語学者であるモロ（Andrea Moro, 1962– ）の言を紹介しましょう．

(20)　イデオロギーがデータを支配するがままにさせておけば，麻痺・停滞を招く危険を冒すことになります．20 世紀中ごろの言語学はまさにこの状態でし

た. どんな代償を払っても諸言語は「恣意的な文化
上の慣例の集まりだ」という概念を押し付けたいと
いう欲望のもと, 言語を生物学的に研究しようとい
う試みは事実上排除されていたのです.

[I]f we let ideology prevail over data, we risk paraly-
sis. This was where linguistic was in the mid-twen-
tieth century: through a desire to impose at all costs
the notion that languages are "arbitrary cultural con-
ventions," work on the biology of language was ef-
fectively ruled out.　　　　　　(Moro (2016: 56–57))

　次のトマセロの言明には, これがはたして認知言語学者
によって権威とされている人物のことばなのかと疑わせる
ものがあります.

(21)　モジュール理論の主要な問題点は, 「モジュールに
　　　はどのようなものがあり, それらを同定するにはど
　　　のように努めればよいか？」であり, それは現時点
　　　でも変わりがない. この問題への答を, モジュール
　　　主義者のうちのある人々が示唆しているように, 脳
　　　の構成に求めようとするのは, 明快さからほど遠
　　　い. なぜなら, 脳の中の機能を司るいろいろな部位
　　　は互いに異なるさまざまな発達過程を持っている可
　　　能性があるからだ. つまり, 認識論的要素の発生的
　　　過程を含んでいないかもしれないのだ. …

　　　　モジュール主義者にとっての 2 番目の主要問題
　　　は … 言語記号や社会慣行は社会的に構成されたも
　　　のであるからして, ヒトの進化の過程で一挙に完成
　　　され出現したとは到底考えられない, ということで
　　　ある.

　　　　私の … 仮説は, 人類が自分の同種生物を志向性
　　　を持った存在として理解し, その同種生物と共感で
　　　きる新しい道を進化させたのだ, ということであ

る．それに対して，他の多くの理論家は，人間の認
知を他の動物のそれと区別しているものは「心の理
論」だ，と示唆してきた．もし心の理論という用語
が社会的認知一般を総括的に指す形で使われている
のならば，その主張には妥当性がある．けれどもこ
の用語が誤信念（他人の心を誤認すること）という
狭い意味にしぼって使われているのなら，心の理論
は人間の子供が 4 歳を過ぎるまでは発揮できない
能力であることに注目せねばならない．一方，人間
の認知力は，注目の共有，言語獲得その他の文化学
習という形で，人間以外の霊長類に認知力から重要
な点で離れ始めるのが 1，2 歳からなのである．

The major problem for modularity theories has al-
ways been: What are the modules and how might we
go about identifying them? ... Searching for answers
in the brain, as suggested by some modularists, is far
from straightforward, as locations of function in the
brain many different developmental processes not in-
volving genetic specification of epistemological con-
tent ...

　The second major problem for modularity theorists
... is that such things as linguistic symbols and so-
cial institutions are socially constituted and so could
not conceivably have emerged full blown all at once
in human evolution ...

　My ... hypothesis [is that] human beings evolved
a new way of identifying with and understanding
conspecifics as intentional beings ... [O]n the other
hand, many other theorists have implied that what
distinguishes human cognition from that of other an-
imals is "theory of mind," which is appropriate if
that term is used generically to mean social cogni-

tion in general.　But if the term is meant to focus
narrowly on the understanding false beliefs, it should
be noted that this is something human children do
not do until they are four years of age, but human
cognition begins to differ in important ways from
nonhuman primate cognition at around one to two
years of age with joint attention, language acquisi-
tion and other forms of cultural learning.

(Tomasello (1999: 203-206))

トマセロは「モジュールにはどのようなものがあり，それ
らを同定するにはどのように努めればよいか？」が問題だ
としていますが，そんなことが初めから分かっているなら
人間の知を究める科学など始める必要はありません．彼に
は，科学における「入口の狭さ」選択の重要性が判ってい
ないようです．「心の理論」を生成文法支持者が「誤信念」
の意味で使っているかのような言い方をしているのも腑に
落ちません．心の理論に関する古典的実験「サリーとアン
のテスト」[注8]では確かに誤信念がテストされ，4歳未満の
子供は正答ができないとされたのですが，このテストが行
われた 1985 年を過ぎると新しい観察結果が出て，今井ほ
か（訳）(2019) には (22) という記述があります．

(22)　健全に発育している子ども … は誤信念テストで
　　　も，言葉が介入しない版の場合は，はるかに長何時
　　　期でも，テストに合格する …．例えば，1歳3ヶ
　　　月の子どもは，実験参加者が部屋に帰って来たとき
　　　に玩具が隠された正しい場所を探すとびっくりする
　　　し，視標追跡実験を行うと，2歳児は，帰ってきた
　　　実験参加者が隠された玩具を求めてどこを探すかを
　　　正しく予測する．　　　　　　　　　(pp. 27-28)

また Butterworth (1994) には誤信念認識以外の心の理論

生得性に関する実験結果が含まれていて，今井（2001）は
これを (23) のように紹介しています．

(23)　生後 2 ヶ月の幼児でさえも，大人がその子としば
　　　らく対面してあやすなどした後，部屋の中にある何
　　　かの物体を調べる様子を見せると，その物体の方に
　　　顔と視線を向けるという．生後 6 ヶ月，1 年，1 年
　　　2 ヶ月の幼児について調べたところ，大人がしばし
　　　幼児の注意を惹いた後，あるものに視線を向ける
　　　と，それだけでも幼児はそちらに視線を移す．

　　　　　　　　　　　　　　　　　　　　　　　　　(p. 173)

そして次の Evans and Green (2006) からの引用は，チョ
ムスキー理論に関する誤解に満ち溢れています．

(24)　生成文法が基盤にしているのは，言語に関する意識
　　　されていない知識であるところの特別で生得的な認
　　　知システムが存在するという仮説である．［この］
　　　接近法はモジュール性というテーゼを前提としてお
　　　り，そのテーゼの中には統語論自律性というテーゼ
　　　が含まれている．認知言語学的諸接近法は，これに
　　　反して，言語とは情報遮蔽的なシステムではなく，
　　　一般法則化された認知諸過程の中に埋め込まれ，そ
　　　こから切り離すことのできないシステムなのだとい
　　　う前提に立っている …
　　　　こういう考え方に立てば，その論理的帰結とし
　　　て，認知言語学的モデルでは統語論は自律的ではな
　　　いということになる．統語論は，自律的ではなく，
　　　語彙目録や形態論と繋がった連続体の一部を形づ
　　　くっていることになる．… チョムスキーの接近法
　　　… の中では，「計算システム」である統語論の内部
　　　で作動する記号は意味を持っていない．それどころ
　　　か，ミニマリスト・プログラム内で「併合」と「移

動」の操作を駆動させる素性の多くは「解釈不能な」素性として評され，非文法的な出力が生まれないよう，派生の過程で排除されなければならないのである.

[T]he generative model rests upon the hypothesis that there is a special and innate cognitive system that represent unconscious knowledge of language … [This] approach assumes the modularity thesis and, within this, the autonomy of syntax thesis. Cognitive approaches, on the other hand, assume that language is not an encapsulated system but a system embedded within and inextricable from generalised cognitive processes …

It follows from this view that, in the cognitive model, syntax is not autonomous. Instead, the syntax forms part of a continuum together with lexicon and morphology … In … Chomsky's approach, the symbols that operate within the syntax of 'Computational System' are meaningless.

Indeed, many of the features that drive the Merge and Move operations in the Minimalist Program are described as 'uninterpretable' features, which have to be eliminated in the course of the derivation to avoid an ungrammatical output.

(Evans and Green (2006: 743-753))

「認知言語学的諸接近法は … 言語とは … 一般法則化された認知諸過程の中に埋め込まれ，そこから切り離すことのできないシステムなのだという前提に立っている」というのは認知言語学の奇妙な立場を示していますね. 何かから切り離せないほど輻輳したものに初めから取り組む，というのは科学の方法としては間違っています. 成功の望み

は少ないですね．前にも述べた通り，ガリレオはあらゆる気象等条件下での落下の法則を求めようとせず，当時地表では実現する技術のなかった「真空」という抽象的条件化の研究を行なったからこそ成功したのではありませんか．生成文法の権威，外池滋生氏もこの点について次のようにコメント（私信）^(注9)しています.

注9：要約によりもし外池氏の趣旨表示に誤りが生じていれば，それは今井の責任です.

(25)　Evans and Green の言わんとするところは，言語は単独のシステムとしては研究できず，他の認知システムと一体として研究しなければならないと言うことである．この言説には自己矛盾と科学研究のあり方に対する度し難い無理解が潜んでいる.

　　　まず，彼らは言語はシステムであると述べている．言語をシステムであると捉えるならば，その関係が他の認知プロセスとどれほど深く結びついていようが，原理的にはそれらから分離できるものであるはずである．そうでないなら，システムと呼ぶのは自己撞着である.

　　　科学は様々な要素と分かち難く結びついている中から，1つのシステムをなしていると考えられるものを抽出することによって，進歩してきたことは（Evans and Green 等は例外であるかもしれないが）誰でも知っていることである．落下という現象を考えてみよう．様々なものが，地上に落下する．火山弾，雹，雨，霰，粉雪，牡丹餅雪，手を離れた小石，金貨，紙切れ，帽子等々，である．そして，落下という現象は，それが生じる様々な条件と分かち難く結びついているように，我々の目には見える．落下するものそのものの重さ，体積，形状も様々であれば，その時の気温や風向きも千差万別である．また，1日のうちでどの時間に起こるかということも，最初から無関係とは言えない．それ等の要因の

組み合わせは無限である．（気温や風向き，1日の時間には幅があって無限ではないという反論もあるであろうが，気温の条件は摂氏で 100 度程度の幅のなかで考えても，その中は無限に分割可能であり，風向きも，360 度の中は無限に分割可能であり，24 時間も無限に分割可能である．）もし，このような複雑な落下という現象に対して，それを取り巻く「分かち難い条件の複合」があるからと言って，人類がその解明を諦めていたなら，我々は世界についていまだに何万年も前と同じ理解（あるいはその欠如）しか持たないことになる．紙切れのように高いところから「落としても」元の位置より高く舞い上がる物さえあるし，羊毛の塊と，金属の塊を落とすと，金属の方が地上に先に到達することを経験的に知っている昔の人は重いもののほうが軽いものより早く落下すると考えた．これは誤った考えであったが，これは立派な仮説であった．（1日のどの時間であるかが無関係であることはもちろん最初の段階から分かっていたが，これも仮説を立てる段階でそれらを捨象したからである．）人類はこのように間違っていても「… ではないか」という仮説を立てることにより，自分の世界の理解を深めて行ったのである．この仮説が正しければ，重量の異なるものを同じ高さから落下させれば，重いものの方が先に地上に到達するはずであるという予測を生み，その予測は検証が可能である．そこで，ガリレオ・ガリレイは当時の仮説が間違っていることを示したのである．またこの実験の背後には，物体の比重と形状によっては空気の抵抗を受ける，そのような要因を捨象するためには，同じ条件の下で，比重の等しいものを落下させれば，落下の速度が重さに比例しないということが示せるという思考があり，当時は技術

的には実現できなかった真空という条件の下ではすべてのものは同じ速度で落下するという仮説があったと考えられる．もしガリレオが，「分かち難く結びついている諸条件」に恐れをなして，落下という現象を解明しようとしなければ，そしてその後も誰もそのような試みに取り組まなければ，人類は未だに何万年も前の状態にとどまっていたであろう．「周囲の要素と分かち難くむすぎついているシステムは取り出して研究することができない」というのは科学の敗北主義に他ならない．

「チョムスキーの接近法 ... の中では ...」で始まる部分も Evans and Green（2006）の生成文法理論に関する誤解です．これに対する批判も外池氏に代弁[注10]してもらいましょう．

注10：(25) と同じく私信の要約．表示に誤りが生じていれば，それは今井の責任です．

(26)　Evans and Greens は，チョムスキーのアプローチでは，計算システム（Computational System）という統語論のなかで働く記号（the symbols）はすべて無意味（meaningless）なのだと主張する（英語で the symbols that operate ... と定冠詞を伴えば，... 働く記号はすべてという意味になる．著者たちがこの英語のもっとも基本的な事実を知らないとすれば，それは彼らが言語学者の名に値しない素人であることを意味する．そうでなければ意図的にすべてと曲解されるよう the をつけたと考えざるを得ないが，どちらにせよ，これは全く事実に反する．文の派生に参加する語彙項目はすべて何等かの意味解釈を受けるものであるのは言うまでもない）．彼らはさらに実際極小主義プログラムにおける併合と移動の操作を駆動する素性の多くは，解釈不能であり，非文法的な出力を避けるために派生の過程において除去されなければならないと主張する．これも

大いなる曲解である．格素性をのぞいて他のすべて
の素性はどこかで解釈可能であり，その位置におい
ては解釈不能であるが，それは派生の過程で除去さ
れる．例えば John loves Mary の loves には主語と
一致して第三人章を表す -s が含まれるが，第三人
称は動詞においては解釈不能である．それが証拠に
動詞に人称による区別のない日本語や中国語の例は
問題なく解釈される．これらはある位置においては
解釈不能な素性である．どの位置にあっても解釈不
能であると考えられるのは主格，対格を区別する格
素性であるが，これは主語や目的語の形を決定する
役目が終わると除去される．主語や目的語を格で区
別しない中国語で格がなくとも文としての解釈に問
題がないことからそのようなものが，解釈不能であ
るとすることには合理的な理由がある．ということ
で，生成文法についての Evans and Green のこのよ
うな特徴づけは，悪意ある言いがかりとさえ言え
る．

認知言語学支持者の中には，以上のような，また今井・西
山 (2012) や今井 (2015) の中の今井による認知言語学批
判に対して，「このような大上段からの批判は，（認知言語
学側からの）実質的な反論を呼ぶものではなく，論争が空
回りに終わることを予測させる．認知言語学側からは，お
そらく“要するに，基本的立場の違いですね”，“先方
(GG/RT) の土俵でものを言っているだけで，われわれに
とっては痛くも痒くもありません”といった反応しか返っ
てこない可能性がある．認知言語学の問題点をより説得的
に論じるためには，言語学的なデータに基づく具体的な議
論をする必要がある」という感想をもらす人がいます．け
れども，研究の第一歩から科学の常道を踏み外してしまっ
ている“研究”計画には，大上段からの方針転換を薦める

以外にないのです．何かの不幸に出会って「祟っているの
は何代前の祖先か，占ってもらおう」と考えている人に
"データに基づく具体的な議論"は不可能です．前章に述
べた OPERA によるニュートリノの速度に関する実験の
過ちを想い出してください．同趣旨の実験を繰り返して正
しい結論を得ることができたのは，もともとの実験が科学
的実験だったからにほかなりません．

● 関連性理論と認知言語学

　さて，この章のここまではいわば言語学プロパーの問題
にしぼって考えてきました．ここで本書の主題である語用
論の問題に立ち返りましょう．

　第 10 章での検討から，生成文法では，チョムスキーは
いろいろなことを言ってはいるものの，語用論は言語の使
用という志向性を源泉とするものですから，自然科学的考
究の射程内に入らないとみなされている，と解釈するのが
妥当ですね．また関連性理論の側でも，創始者のスペルベ
ルとウィルスンは，言語の定義としてチョムスキーの言う
E 言語を含むものを考えていて，すでに述べた通り，第 2
世代のカーストンの観察では創始者は「2 人は E/I 言語に
関する論議を超越しようとしいるのではないでしょうか」
（私信）ということですし，カーストン自身もやはり私信
で「私はチョムスキーの言う狭い個人的言語観（FLN）と，
言語哲学者の間ではもっと広く支持されている見方との間
の相補性を立証しようとしています」と言っています．

　このような観察からすると，生成文法が対象とするモ
ジュールと関連性理論が対象とするモジュールは，別々の
モジュールである可能性が非常に高いと言えます．しか
も，関連性理論の解明対象である言語の使用と認知言語学
が重要視する伝達（コミュニケーション）とは深い関係が
あります．この 2 つの理論を比べて見ることには意義が
あるかもしれません．それに，前章（22）として挙げたモ

ロの言明も当章執筆者の楽観主義をくすぐります．もちろ
ん，認知言語学の現状は，前節で示した通り，まことに情
けないもので，第 11 章に引用した「ある場合には，実験
に生ずるこのように誤った結果が，科学の発展をうながす
ことがありうる」に該当するような実験結果を挙げるには
遠い立場にあります．けれどもこの理論が現状の研究者の
開眼によって，あるいは若手研究者の手によって「狭い入
口」を，そして「モジュール理論」の必然性を発見するこ
ともあり得るのです．そこでまずは Evans and Green
(2006) の関連性理論観を眺めてみましょう．

(27)　［関連性理論と認知意味論］との間には根底的な相
　　　違がいくつかある．最も重要な点は，関連性理論が
　　　その基礎に生成文法的言語構成観を前提として置い
　　　ていることだ．この言語構成観は言語生得仮説とモ
　　　ジュール主義仮説を前提としている．これに加えて
　　　関連性理論は言語的意味のある種の側面に関して論
　　　理学上の真理条件的説明法を前提としている．コ
　　　ミュニケーションの理論として，関連性理論は語用
　　　論に重きを置いた言語的意味の説明を提供してお
　　　り，チョムスキー的な意味での言語知識，つまり言
　　　語能力を構成している安定的な知的システムを説明
　　　するよりもずっと詳しい形で進行中の意味造成過程
　　　を説明することを企てている．この点で関連性理論
　　　は言語的知識と非言語的知識を弁別する考えを受け
　　　入れており，この 2 種の知識がどのように相互関
　　　係を結んで伝達上のコンテクストにおける解釈を生
　　　んでいるかを明らかにすることに焦点を置いている
　　　のだ．… さらにもう 1 つの差異は，関連性理論が
　　　コミュニケーション（話し手の志向性と聞き手が推
　　　論を引き出す際に利用する想定）に力点を置いてい
　　　るのに対し，認知意味論は概念的システムと概念的

過程の本質に力点を置いているという事実である．
例えば，関連性理論がメタファーのコミュニケー
ション上の側面を強調するのに対して，概念的メタ
ファー論者は概念的システム内のメタファーの構造
的次元を強調する．最後に，両陣営は大いに異なる
範囲の現象に焦点を置いている．関連性理論は，新
しい視点も発展させているものの，言語的意味研究
の中で伝統的に興味の対象だった現象の説明に熱意
を注いでいる．具体的には，両義性，単語の意味と
文の意味の間，明意と暗意の間，文字通りの意味と
比喩的意味との間の関係の本質の説明である．これ
と対照的に，認知的意味論はもっと広い範囲の現象
を対象とし，言語的意味の考究内の以前から存在す
る関心事のみに関心を寄せるだけでなく，概念的シ
ステムの本質に光を当てる他の関係ある分野によっ
て明らかにされる現象にも関心を寄せている．…
関連性理論は，認知的意味論の指針となっている想
定とは完全に対立する想定に公式に方向づけられ，
それに基礎づけられているのである．

[T]here are some fundamental differences between
[Relevance Theory and cognitive semantics]. Most
importantly, Relevance Theory assumes as its back-
ground a generative model of language; this model
assumes the nativist hypothesis and the modularity
hypothesis. In addition, Relevance Theory assumes
a logical truth-conditional account of certain aspects
of linguistic meaning. As a theory of communica-
tion, Relevance Theory provides an account of lin-
guistic meaning with an emphasis on pragmatics,
and sets out to account for the on-line process of
meaning construction in more detail than it accounts
for the stable knowledge systems that comprise

knowledge of language or competence in the Chom-
skyan sense. In this respect, Relevance Theory ac-
cepts the distinction between linguistic knowledge
and non-linguistic knowledge, and focuses on how
the two interact to give rise to interpretation in com-
municative contexts ... further difference relates to
the fact that Relevance Theory places the emphasis
on communication (the speaker's intentions and the
hearer's assumptions in deriving inferences), while
cognitive semantics emphasises the nature of the
conceptual system and conceptual processes. For
example, while Relevance Theory emphasizes the
communicative aspects of metaphor, conceptual met-
aphor theorists emphasise the structural dimensions
of metaphor within the conceptual system. Finally,
each approach focuses on a largely distinct range of
phenomena. Relevance Theory, although it develops
a new perspective, is nevertheless concerned with
accounting for the phenomena that have traditionally
been of concern within approaches to linguistic
meaning, such as ambiguity, the nature of the rela-
tionships between word meaning and sentence mean-
ing, between explicit and implicit meanings and be-
tween literal and figurative meaning. In contrast,
cognitive semantics addresses a wider range of phe-
nomena, and is concerned not only with addressing
long-standing concerns within approaches to linguis-
tic meaning, but also with phenomena revealed by
other related disciplines that cast light upon the na-
ture of the conceptual system ... Relevance Theory
is formally oriented and rests upon guiding assump-
tions that stand in direct opposition to those of cog-

nitive semantics.　　（Evans and Green (2006: 464-466)）

　ためですねえ，やはり．言語機能生得説とモジュール主義
がいかん，というのでは，この 2 人からは語用論の科学
的考究は期待できません．「関連性理論は言語的意味のあ
る種の側面に関して論理学上の真理条件的説明法を前提と
している」という主張も理解に苦しみます．そのほか関連
性理論と認知的意味論（＝cognitive semantics；これはエ
ヴァンズとグリーンにとって言語研究の根底にあるもの
で，この点，彼らの認知言語学は生成意味論をそのまま受
け継いでいることを示します）の違いをいろいろ挙げてい
ますが，結論的に両者は相容れない理論であることを認定
しています．この認定がこの 2 人の言明の中で唯一価値
のあるものであるかもしれません．
　さて，スコット＝フィリプスなる人物について考えてみ
ましょう．彼は自分が最も大きな影響を受けた人としてス
ペルベルとウィルスンを挙げている関連性理論学者です．
かつてトマセロのいた研究所に勤めていた関係から，著書
(Scott-Phillips (2015)) の謝辞中でトマセロに言及していま
すが，トマセロのようにどうしようもない認知言語学者で
はなく，関連性理論の言う「意図明示的伝達 (ostensive
communication)」の出発点は「再帰的心の理論 (recursive
theory of mind)」であるという "生成文法的" 言明もして
います．スコット＝フィリプスの上記の本からいくつかの
引用をしてみましょう．

(28)　私の主張は，言語の源泉は進化論上新しい形のコ
　　　ミュニケーション形態，つまり意図明示的伝達[注11]
　　　が創発された結果生じたものだった，ということで
　　　ある．意図明示的伝達が起こったのは，そしてその
　　　結果言語が生まれたのは人間においてだけであり，
　　　他の動物には生じなかった．なぜだろうか？ 簡単
　　　な答えを出せば，意図明示的伝達は人間にだけ起

注11：第 7 章で見た通
り，「意図明示的伝達」
とは情報的意図と伝達
的意図の両方に基づい
て行われる伝達です．

こった高性能な社会的認知形式に依拠するものだからである.

My thesis is that the origin of language was the consequence of the creation of an evolutionarily novel form of communication, called ostensive communication ... Why did ostensive communication and hence language evolve in our species, and no other? The brief answer is that ostensive communication depends upon sophisticated forms of social cognition that are unique to humans ...　　　　　　(p. xiii)

チョムスキー, グールド (Stephen Jay Gould, 1941-2002), バーウィック (Robert Berwick) らが, 二次適応 (exaptation；種が最初に達成するはずだった成果とは異なる成果を適応により達成してしまうこと) をかかげて, 言語を出現させるために脳が発達したのではなく, 脳が発達したゆえのいわば副産物として言語が生まれたとする明白な主張しているのにくらべ, 古い言語起源論者や, 何人かの認知言語学者は, 漠然と「言語はコミュニケーションのために生まれた」としているだけです. しかしスコット=フィリプスは意図明示的伝達の創発による新しい形のコミュニケーション形態が言語の源泉だという, 少なくとも明白な仮説を標榜していますし, 意図明示的伝達創発が人間にだけ起こった原因にも簡単ながら触れていますね.

(29)　動物のコミュニケーションのほとんど, いやおそらくそのすべてはコード主義^(注12)で記述可能である … 言語によるコミュニケーションとは … ヒトが共有しているコミュニケーション上の慣習によって拡張された「意図明示的・推論的伝達」^(注13) … の事例なので … ある.

Most and perhaps all animal communication can be described with the code model ... [L]inguistic com-

注 12：コード主義とは「発話の意味は, その言語形式を復号しさえすれば得られる」という考え方です. 詳しくは今井 (2001) pp. 29-33 を見てください.

注 13：コミュニケーションにおいて話し手は意図明示的伝達, 聞き手は推論を行いますね. スコット=フィリプスは, 正式にはコミュニケーションを「意図明示的・推論的伝達」と呼んでいますが, 多くの場合これを略して「意図明示的伝達」と称しています.

munication...is...an instance of ostensive-inferential communication that is augmented by a set of shared communicative conventions. (p. 26)

ここでスコット゠フィリップスは，人間以外の動物によるコミュニケーションが（ほとんど）コード主義によって記述可能であることを述べ，人間のコミュニケーションとの違いを明らかにしています．

(30)　動物のコミュニケーション・システムは，儀式化^(注 14)と感覚的操作^(注 15)という 2 つの形式のうちどちらかを通じて出現する．この 2 つの過程が動物の信号がとる型を制約することとなり，この制約が，結果として，両操作を結び付けたコミュニケーションが自然界ではまれであることの説明となっている．

[A]nimal communication systems emerge in one of two ways: ritualization or sensory manipulation. These processes constrain the form that animal signals can take, and these constraints in turn explain why combinatorial communication is rare in nature. (p. 50)

(31)　意図明示的伝達は 2 種の関連性原理［認知的関連性原理と伝達的関連性原理］^(注 16)に統治されている … 意図明示的伝達には高次の再帰的心の理論^(注 17)がかかわっているが，人々が心に抱きがちな直観とは正反対に，再帰的心の理論は認知にとって過重な要求ではないと考えられる．

Ostensive communication is governed by the two Principles of Relevance: [the Cognitive Principle of Relevance and the Communicative Principle of Relevance] … Ostensive communication involves high levels of recursive mindreading, but contrary to a

注 14：例えばイヌは，最初は自分が安全である地域を外れそうな箇所に来ると怖れから来る排尿を行います．やがてこれが他の生物（特に同族であるイヌ）にとって，排尿したイヌのテリトリーの外にいれば争いが起こらないことを知らせます．これが儀式化です．

注 15：ある種の昆虫では，交接に先立って雄が雌に餌（他の大型の昆虫の死骸）を差し出します．これは，本来は雌が交接よりも餌を食べることを優先させる癖を持つからなのですが，やがて雌は交接を許す代償として餌を受け入れるようになります．これが感覚的操作です．

注 16：第 7 章参照．

注 17：「太郎は花子が（…①）私が次郎を好きだということを知っていることを知っている（…②）」のような文を作り出すのは「再帰的規則」でしたね．そして再帰的規則によって（…①）の部分には「雪子が三郎が月子が…」などのように主語をいくつでも挿入でき，（…②）の部分には主語に対応した数の「知っ

common intuition, the recursive mindreading is like-
ly not cognitively demanding.　　　　　　　　(p. 78)

(30), (31) に述べられていることは, Scott-Phillips et al.
(2012) や Scott-Phillips and Blythe (2013) に立脚するも
ので, 人間と動物のコミュニケーション・システムの違い
がこれにより一層明らかにされています. とは言え, チョ
ムスキーたちの「二次適応論」も具体性に欠けているわけ
ではありません (Berwick and Chomsky (2011, 2016)). Ber-
wick and Chomsky (2011) から引用します.

(32)　[言語の基本的特性の出現が]「いつ」,「どこで」生
じたかに関する我々の最善の推定は, 南部アフリカ
で解剖学的に現代と同じと推測される人間が出現し
たころ, すなわち 200,000 年前と, 彼らがアフリカ
から脱出したころ, すなわち 60,000 年前との間の
ある時期である. 後者は 80,000 年以上前であるか
もしれない. ともかくこれによって我々に判断対象
として残される年月は 130,000 年ということにな
り, これを進化による変化にかかる世代数に直せば
5,000–6,000 世代に相当する. そういう次第でこれ
はある人々が (誤って) 解していたように「1 世代
に 1 晩のうちに」起こったことではない …

[O]ur best estimate for "when" and "where" [of the
evolution of the Basic Property of language] is
sometime between the appearance of the first ana-
tomically modern humans in southern Africa, about
200,000 years ago, up until sometime before the last
exodus from Africa, about 60,000 years ago …, but
likely before 80,000 years ago. That leaves us with
about 130,000 years, or approximately 5,000–6,000
generations of time for evolutionary change. This is
not "overnight in one generation" as some have (in-

ている」を挿入できま
す. こうした文で表さ
れ得るような状態がコ
ミュニケーションに参
加している人の「心の
理論 (＝読心術)」に
存在していることを,
スコット＝フィリプス
は「再帰的心の理論」
と呼んでいるのです.
　Hauser et al. (2002)
によれば, FLN には
再帰性のみが存在する
とされいるのでした
ね. 生成文法理論にお
いて最重要な概念と言
える再帰性をスコット
＝フィリプスが重視し
ていることに注目しま
しょう.

correctly) inferred ...

(Berwick and Chomsky (2011: 156-157))

しかしこの点に関して，スコット=フィリプスの仮説と生
成文法のそれとの間に優劣は見出せないと言えましょう
か？

(33)　人間以外の霊長類には，意図明示的伝達を必要とす
　　　るような決定的社会認知機構がほとんどない．人間
　　　以外の霊長類による伝達は志向的ではあるが意図明
　　　示的ではない．それは彼らのメタ心理学的能力に
　　　よって表現に富む形で強力化された連合のシステム
　　　として性格づけられるのが最も良いと考えられる．
　　　意図明示的伝達が人間に現れたのは，おそらく，人
　　　間という集団がその規模も複雑度も増加傾向にある
　　　ものであったことが原因であった．そうした規模と
　　　複雑性の大きさは高度の社会的認知を生み出し，そ
　　　の中には再帰的心の理論が含まれていて，再帰的心
　　　の理論とは，そもそも意図明示的伝達の創出の必要
　　　条件だったのである．
　　　Non-human primates possess few of the crucial so-
　　　cial cognitive mechanisms necessary for ostensive
　　　communication.　Much non-human primate commu-
　　　nication is intentional, but it is not ostensive.　It is
　　　best characterized as a system of associations that is
　　　made expressively powerful by metapsychological
　　　abilities.　Ostensive communication likely emerged
　　　among humans as a consequence of the increasing
　　　size and complexity of human groups, which led to
　　　the selection of sophisticated social cognition, in-
　　　cluding the recursive mindreading necessary to cre-
　　　ate ostensive communication in the first place.

(Scott-Phillips (2015: 105))

(33) で問題になるのは，「意図明示的伝達が人間に現れた
のは，おそらく，人間という集団がその規模も複雑度も増
加傾向にあるものであったことが原因であった．そうした
規模と複雑性の大きさは高度の社会的認知を生み出し，そ
の中には再帰的心の理論が含まれていて，再帰的心の理論
とは，そもそも意図明示的伝達の創出の必要条件だったの
である」という部分です．これはちょうど，キリンの先祖
——短い頸だった——の生息地が森林から草原に移ったた
め，高い木の葉が食べられるよう長い頸になったと想像さ
れているのと同じで，自然適用的思考です．

　それに対して生成文法の主張は（13）に見る通り「言語
は二次適応により生まれた」です．単純化して言えば「言
語は脳が発達したため，なぜだか判らないが生まれたの
だ」という考えです．一見すると「これこれこういう次第
でこの変化が起こった」という説の方が，「なぜだか判ら
ないがこの変化が起こった」という説よりも具体性があっ
て確実なように見えます．しかしそれは「こういう次第」
なるものがかなり正しいと思われる場合に限られます．説
明不能な事実は，説明可能になるような努力の対象とされ
ねばなりませんが，それがあたかも説明可能であるかのよ
うに扱うのは科学的とは言えません．自然適用と考えられ
ているキリンの頸の変化の場合でさえ，変化の中間，つま
り中<ruby>頸<rt>ちゅうけい</rt></ruby>のキリンの化石は見つかっていないのです．

　問題はもう 1 つあります．Scott-Phillips（2015）からの
引用をあと 2 つ見てください．

(34)　言語の獲得と使用に特定的に設定された仕組みがあ
　　　るのであれば，そうした仕組みの自然選択は最初の
　　　（基礎）言語の出現より後に起こったと考えざるを
　　　得ない．

　　　[I]f there are mechanisms specifically designed in
　　　the acquisition and use of languages, then the natural

selection of those mechanisms must have occurred *after* the emergence of the first (proto-)languages ....

(p. 135)

これは妙な主張ですね．他の動物には起こらない人間独自のコミュニケーション能力が生まれ，それによって「基礎言語」が生じ，そのあとに（生成文法の主張するような）「本格的言語」が生じ，それによってもっと進んだコミュニケーション能力が生まれた，つまりコミュニケーション誕生は 2 度あった，という主張は直感的に言ってもおかしくありませんか？ しかもスコット＝フィリプスの言う最初のコミュニケーション能力は「本格的言語」誕生の前だというのですから，他の動物のコミュニケーション能力に比べ，どの程度進んでいたのでしょうか？ それについては次の引用に答えがあるようです．

(35)　言語の進化とは，意図明示的伝達を顕示的なまでに強力なものにする慣習が生み出される過程を指す．初期の慣習は抱き合わせ的なものであり，話し手の意図する意味に最も適応する方式であれば，音声的様式であろうと身振り的様式であろうと，様式を問わずに表現されたものであったろう．基礎言語（いくつかの言語の共通の祖先）はこうした慣習の結合を通じて発達し，やがて，そのうちのあるものが文法的機能を受け持つようになったのではないだろうか．諸言語のその後の発達は文化的誘引力という過程によって作動され，この過程を通じて言語は人間の頭脳と行動に適合するように進行的修正を遂げていったのだと思われる．意図明示的伝達はこの過程における誘引力の決定的な因子なのである．

Language evolution is the process by which the conventions that make ostensive communication expressively powerful emerge. These early conventions

were holophrastic, and they would have been ex-
pressed in whatever modality, vocal or gestural, was
most appropriate for the intended speaker meaning.
Protolanguage would have developed through the
combination of these conventions, and over time
some of them would have taken on a grammatical
function. The subsequent development of languages
was driven by a process of cultural attraction, in
which languages were progressively modified to fit
the human mind and human behaviour. Ostensive
communication is a critical factor of attraction in
this process.　　　　　　　　　　　(pp. 129-130)

　彼の言う「最初のコミュニケーション能力」は，人間の心
の中に「再帰的心の理論」が出現したからである，という
主張は呑み込みがたいものです．(34) の「言語の獲得と
使用に特定的に設定された仕組み」が生まれる前の人間の
伝達能力がそんなに高いものであったはずはありません．
ですから彼は (35) で言語の「進化」を主張しているので
す．自然言語が歴史的に「変化」を遂げてきたことは事実
です．しかし言語一般に共通する性格が「文化的誘引力と
いう過程によって作動され，この過程を通じて言語は人間
の頭脳と行動に適合するように進行的修正を遂げていっ
た」と見るのは，自然選択的進化観であって，生成文法の
「言語機能の二次適応による出現」論とは完全に対立しま
す．
　おそらくスコット=フィリプスは，トマセロの「社会的
協調性と志向性を持った文化的特性の習得に基づく“身振
り”がまず人間に起こり，“身振り”を基盤として人間言
語が生まれた」(Tomasello (2008) 参照) という考え方を受
け継いでいるのでしょう．しかし言語の存在なしに「基礎
言語」を「文化的機能」が「顕示的なまでに強力な意図明

示的伝達を行いうる」“本格的言語”に高めたというスコット=フィリプスの主張も受け入れがたいものです．彼の言う“最初の”コミュニケーション能力が，他の動物のそれに比べ，それほど高かったとは考えられません．“本格的言語”が生じて初めて，「社会的協調性と志向性を持った文化」が生ずるわけですから．[注18]

　スコット=フィリプスには，ぜひとも生成文法を学び直して，すぐれた関連性理論学者になってほしいと考えます．

● 結び

　2つの科学理論の比較に関する当章執筆者の基本的理念は「それは社会政策や学校のクラス内の意見調整とは全く異なる性質のものだ」です．判り切ったことだ，と言われそうではありますが，“識者”の中には科学についても「折衷案」を重視する人が時折いるため，この点を強調しておきたいのです．本書執筆中の現代世界は日本という社会を含めコロナ禍にあえいでいます．感染者や死者の数はむろん減らさねばなりませんが，同時に，自粛や三密回避によって社会全体の経済や個人の収入が損なわれることも防がねばなりません．バランスよく舵をとる必要があります．また，ある学校のあるクラスで，服装やら髪型に対する生徒たちの意見が割れていたとします．この場合も，例えばスカートの長さは膝上5センチから膝下5センチまでの間とし，男子の髪については丸刈り強制はやめるが長髪は自粛，というような形の意見統一を平和裡に図らねばなりません．

　ところが科学理論比較の場合はこうであってはなりません．ある集団について統計を取り，言語生得説支持者が70%，非支持者が30%だから言語生得説が正しい，とか，言語は二次適応によって出現したとされる説と，自然選択によって出現したという説と両方あるが，諸言語のあるも

注18：本書のスコット=フィリプスの主張に対する批判については，慶應義塾大学名誉教授西山佑司氏より次の趣旨の反論（私信）が来ています．「人間の脳中に言語より先に意図明示的伝達が生じた可能性を否定することは論理的に不可能である．したがって今井氏の論述が示唆する『言語能力基盤として初めて意図明示的伝達が可能になる』という思考も正しいとは言えない．言語能力と意図明示的伝達能力とは，本来，独立のシステムであり，生得的システムとして人間の脳の中に独立に形成されたという立場に立つならば，言語の獲得と使用に特定された仕組みが生まれる前に意図明示的伝達能力が独立に形成されている可能性は理論的には否定できない」（もし西山教授の主張紹介法に誤りがあればそれは本章執筆者の責任です）この反論については，今井（近刊）で再反論をすることを可能にすべく努力します．

のは二次適応，他のものは自然選択によって出現したとい
うことにしておこう，などというのは科学を極める道では
ないのです．理論 A と理論 B は，一方が正しく他方が間
違っているか，双方とも間違っているか，A, B の当否の
差が不明であるか，なのです．

　さて問題は，理論 A・B が異なるモジュールを対象と
する場合です．本書のこれまでの検討を通じて，言語学プ
ロパーと語用論は別々のモジュールを対象とする可能性が
現れてきました．これが正しければ，A・B の優劣・当否
の直接的判断には意味がなくなります．けれども，双方の
違い，類似点等を比べていけば，両者それぞれの考究対象
である 2 つのモジュール間の関係が次第に見えてくるこ
ともあり得るのです．ということは 2 モジュールの内容・
本質がその分明らかになる，ということにほかなりませ
ん．201 ページに始まる，この「関連性理論と認知言語学」
は，そのための試みなのです．その試みがいつ，どれほど
の果実を生むかは予測がつきませんが，余命抄い本章執
筆者の生存中にそのごく一部でもいいから顔をのぞかせて
くれることを祈るのみです．

● 参考文献

Berwick, Richrd C. and Noam Chomsky (2011) "The Biolinguistics Program: The Current Issues of Its Development," *The Biolinguistic Enterprise: New Perspectives on the Evolution and Nature of the Human Language Faculty*, ed. by Anna Maria di Sciullo and Cedric Boeckx, Oxford University Press, Oxford.

Berwick, Richrd C. and Noam Chomsky (2016) *Why Only Us? Language and Evolution*, MIT Press, Cambridge, MA.

Bolhuis, Johan J., Ian Tattersall, Noam Chomsky and Robert C. Berwick (2014) "How Could Language Have Evolved?" *PLoS Biol* 12(8).

Chomsky, Noam (1995) *The Minimalist Program*, MIT Press, Cambridge, MA.

Darwin, Charles (1859) *On the Origin of Species by Means of Natural Selection, or the Preservation of Favoured Races in the Struggle for Life*, John Murray Press, London.

Evans, Vyvyan (2009) *How Words Mean: Lexical Concepts, Cognitive Models, and Meaning Construction*, Oxford University Press, Oxford.

Evans, Vyvyan and Melanie Green (2006) *Cognitive Linguistics: An Introduction*, Edinburgh University Press, Edinburgh.

Fauconnier, Gilles (2000) "Methods and Generalizations," *Cognitive Linguistics: Foundations, Scope, and Methodology*, ed. by Theo Janssen and Gisela Redeker, 95–128, Mouton De Gruyter, The Hague.

Hauser, Mare D., Noam Chomsky and W. Tecumseh Fitch (2002) "The Faculty of Language; What Is It, Who Has It, and How Did It Evolve?" *Science* 298, 1569–1579.

今井邦彦（訳）（1999）『ことば　始まりと進化の謎を解く』新曜社．［原著：Jean Aitchison (1996) *The Seeds of Speech: Language Origin and Evolution*, Cambridge University Press, Cambridge.］

今井邦彦（2001）『語用論への招待』大修館書店．

今井邦彦（2015）『言語理論としての語用論── 入門から総論まで』開拓社．

今井邦彦（近刊）『語用論の新展開』大修館書店．

今井邦彦・西山佑司（2012）『ことばの意味とはなんだろう── 意味論と語用論の役割』岩波書店．

今井邦彦ほか（訳）（2019）『チョムスキーの言語理論』新曜社．

Lakoff. George (1990) "The Invariance Hypothesis: Is Abstract Reason Based on Image-schemas?" *Cognitive Linguistics* 1(1), 39–74.

Moro, Andrea (2016) *I Speak, Therefore I Am: Seventeen Thoughts About Language*, Columbia University Press, New York. ［今井邦彦（訳）（2021）『ことばをめぐる 17 の視点── 人間言語は「雪の結晶」である』大修館書店．］

Scott-Phillips, Thom (2015) *Speaking Our Minds: Why Human Communication Is Different, and How Language Evolved to Make it Special*, Red Globe Press. ［畔上耕介・石塚政行・田中太一・中澤恒子・西村義樹・山泉実（訳）（2021）『なぜヒトだけが言葉を話せるのか── コミュニケーションから探る言語の起源と進化』東京大学出版会．］

Scott-Phillips, Thom, R. A. Blythe, A. Gardner and S. A. West (2012) "How Do Communication Systems Emerge?" *Proceedings of the Royal Society of London, B*, 279, 1943–1949.

Scott-Phillips, Thom and R. A. Blythe (2013) "Why Is Combinatorial Communication Rare in the World, and Why Is Language an Exception to This Trend?" *Journal of the Royal Society Interface* 10(88).

Tomasello, Michael (1999) *The Cultural Origins of Human Cognition*, Harvard University Press, Cambridge, MA.

Tomasells, Michael (2008) *Origins of Human Communication*, MIT Press, Cambridge, MA.

外池滋生（監修・訳）（1998）『ミニマリストプログラム』翔泳社.

索　引

1.　日本語は五十音順に並べてある．英語で始まるものはアルファベット順で，最後に一括して
　　ある．
2.　数字はページ数を，n は側注を示す．

220

85, 142, 147, 150, 201, 205
誠実性条件 (sincerity condition)　26-28
生成意味論 (generative semantics)　185,
　186, 205
狭い意味での言語機能 (the faculty of
　language in the narrow sense; FLN)　146
宣言型 (Declarations)　30-33
相互調整 (mutual adjustment)　111, 124

[た行]

態度表明型 (Behabitives)　29
タルスキー (Alfred Tarski)　4
断言型 (Assertives)　30
知識 (knowledge)　94
直接言語行為 (direct speech act)　34, 35
直喩 (simile)　116
チョムスキー (Noam Chomsky)　vii, 6,
　8-10, 136-138, 140-142, 144-147, 151-
　153, 155, 156, 159, 160, 165, 166, 174,
　176, 186, 195, 199, 201, 202, 206, 208
強い暗意 (strong implicature)　110
適合方向性 (direction of fit)　29-33, 37
適切性条件 (felicity conditions)　16, 17,
　26, 28, 37
転嫁的用法 (attributive use)　125, 126
伝達的意図 (communicative intention)　vi,
　93, 95, 205
統語論 (syntactics, syntax)　3, 137, 144,
　145, 151-155, 174, 188, 195, 199
動詞句 (verb phrase; VP)　181
特殊化された会話の含意 (particularized
　conversational implicature)　55, 56, 60,
　61
トマセロ (Michael Tomasello)　186, 190,
　192, 194, 205, 212
取り消し可能性 (cancellability)　59

[な行]

内在的意味論 (internalist semantics)　153,
　155
二次適応 (exaptation)　150, 178, 182, 183,
　206, 208, 210, 212, 214
日常言語学派 (Ordinary Language School)
　4, 5, 15, 152, 155
認知環境 (cognitive environment)　80, 88,
　91, 94, 143
認知言語学 (cognitive linguistics)　vii, 5,
　116-119, 121, 122, 150, 185, 186, 188-
　192, 195, 196, 200-202, 205, 206, 214
認知効果 (cognitive effect)　88, 91, 92, 95,
　97
ネガティブ・フェイス (negative face)
　70, 71, 73, 75-77
ネガティブ・ポライトネス (negative
　politeness)　75

[は行]

バーウィック (Robert Berwick)　206
発語行為 (locutionary act)　21-24, 26
発語内行為 (illocutionary act)　21, 23, 24,
　26-35, 37
発語内の力 (illocutionary force)　23, 24
発語媒介行為 (perlocutionary act)　21, 23,
　24, 26
発展 (development)　97, 107-109, 111,
　112, 114, 124
発話 (utterance)　4, 14, 16, 17, 27, 39, 50,
　65, 86, 99, 115, 138, 206n
話し手 (speaker)　vi, 6, 22, 27, 39, 51, 65,
　85, 93, 99, 115, 139, 158, 202
反証可能性 (falsifiability)　170, 174
判定宣告型 (Verdictives)　29
反復的用法 (echoic use)　125

【著者紹介】

今井 邦彦（いまい　くにひこ）　1934 年生まれ.
東京都立大学名誉教授, 文学博士. 専門分野は音声学, 統語論, 語用論.
主要業績：『チョムスキー小事典』（大修館書店）,『言語理論としての語用論』（開拓社）,
『英語の使い方』（大修館書店）,『語用論への招待』（大修館書店）,『ことばの意味とはなん
だろう』（共著, 岩波書店）,『語用論キーターム事典』（共訳, 開拓社）,『意味論キーター
ム事典』（共訳, 開拓社）,『チョムスキーの言語理論——その出発点から最新理論まで』（共
訳, 新曜社）,『ことばをめぐる 17 の視点——人間言語は「雪の結晶」である』（訳, 大修館
書店）

岡田 聡宏（おかだ　としひろ）　1968 年生まれ.
学習院大学外国語教育研究センター 教授. 専門分野は語用論, 関連性理論.
主要業績：『語用論キーターム事典』（共訳, 開拓社）,『意味論キーターム事典』（共訳, 開
拓社）,『最新語用論入門 12 章』（共訳, 大修館書店）,「ことばと意味」『［入門］ことばの
世界』（共著, 大修館書店）,「アドホック概念：仕組みと可能性」『ヘルメスたちの饗宴：
英語英米文学論文集』（共著, 音羽書房鶴見書店）

井門 亮（いど　りょう）　1970 年生まれ.
群馬大学情報学部 教授. 専門分野は語用論, 関連性理論.
主要業績：『語用論キーターム事典』（共訳, 開拓社）,『意味論キーターム事典』（共訳, 開
拓社）,『最新語用論入門 12 章』（共訳, 大修館書店）,「関連性理論」（加藤重広・澤田淳
（編）『はじめての語用論』研究社）,「多義語の分析と語用論」（中野弘三（編）『語はなぜ
多義になるのか』朝倉書店）

松崎 由貴（まつざき　ゆき）　1975 年生まれ.
明治大学政治経済学部 兼任講師. 専門分野は語用論, 関連性理論.
主要業績：『語用論キーターム事典』（共訳, 開拓社）,『意味論キーターム事典』（共訳,
開拓社）,『最新語用論入門 12 章』（共訳, 大修館書店）,「関連性理論による外来語の分析」
『言語・文化・社会』第 11 号（学習院大学外国語教育研究センター）,「代名詞の関連性理
論的分析」『学習院大学人文科学論集』12（学習院大学大学院人文科学研究科）

語用論のすべて

―生成文法・認知言語学との関連も含めて―

著作者	今井邦彦・岡田聡宏・井門　亮・松崎由貴
発行者	武村哲司
印刷所	日之出印刷株式会社

2021 年 12 月 10 日　第 1 版第 1 刷発行

発行所　　株式会社　開 拓 社

〒 112-0013 東京都文京区音羽 1-22-16
電話　（03）5395-7101（代表）
振替　00160-8-39587
http://www.kaitakusha.co.jp